ITALIA A MANO

PAOLA BACCHIA

ITALIA A MANO

DIE GEHEIMNISSE DES ECHTEN ITALIENISCHEN STREETFOODS

CHRISTIAN

INHALT

EINFÜHRUNG 9

EINFÜHRUNG

Kein Wochenende verging in meiner Kindheit, an dem nicht Mammas Sugo auf dem Herd blubberte – eine herrliche Fleischsauce aus Rind- und Schweinefleisch, Knoblauch und Tomaten, deren köstlicher Duft sich durch die Fliegenschutztüre bis auf die Straße ausbreitete. Die Nachbarn kamen immer mal gern vorbei, um meine Mutter Livia in der Küche zu besuchen und vielleicht hier und da eine Kostprobe zu ergattern. Wenn Papà nicht arbeitete, war er in der Garage, um Wein oder Grappa zu machen, oder aber im Garten, wo er Obst- und Gemüsesorten anbaute, von denen unsere Nachbarn nie gehört hatten. Beispielsweise Radicchio, den Mamma dann zum Abendessen in ein schlichtes, aber nichtsdestotrotz köstliches Meisterwerk verwandelte. Papà betonte immer wieder, wie wichtig es sei, zu »wissen, wo euer Essen herkommt« und dass »niemand so gut kocht wie eure Mutter«. Wir hörten ihm einfach zu, nickten brav und aßen derweil weiter. Aber er hatte recht. Wir wussten, dass unser Essen aus unserem Garten stammte und meist erst kurz zuvor geerntet worden war oder von den italienischen Metzgern und Lebensmittelhändlern kam, die wir persönlich kannten. Es kam auch aus dem Herzen, insbesondere aus Mammas venetischem Herzen – in all diesen hochwertigen regionalen und saisonalen italienischen Gerichten brachte sie ihre ganze mütterliche Liebe zum Ausdruck.

Essen ist ein wesentlicher Kernpunkt italienischer Lebensart – nie bin ich einem Italiener begegnet, der nicht irgendwann über Essen gesprochen hätte, ob über seine vorherige Mahlzeit, den *spuntino* (Snack) oder das bevorstehende Essen, immer begleitet von ausführlichen Kommentaren zu den jeweiligen Gerichten. Und genau wie mein Vater es uns immer wieder sagte, ist für den Durchschnittsitaliener die Mamma die beste Köchin, übertroffen eventuell nur von der *nonna* (Großmutter), bevor diese ihren Holzlöffel an die nächste Generation weitergibt. Das Regionale, die Herkunft und die richtige

Jahreszeit sind ihnen immer wichtig und daher ist es naheliegend, dass all diese Aspekte auch in italienischem Streetfood zum Tragen kommen. Wäre es anders, würden die Italiener es wahrscheinlich gar nicht essen.

{ FASTFOOD VERSUS STREETFOOD }

Was macht italienisches Streetfood aus? Lassen Sie mich kurz sagen, was es nicht ist: Fastfood. Die Gerichte sind herzhaft und oft preiswert, sind aber immer geprägt von Geschichte und Tradition. In Florenz ist beispielsweise *panino con lampredotto* ein beliebtes Streetfood, ein Brötchen mit Rinderkutteln, die sehr lange in einer Brühe mit verschiedenen Gemüsesorten und Kräutern gegart werden. Die Florentiner lieben diese Brötchen, die kurz in die kochende Brühe getunkt, dann mit sehr fein geschnittenem Fleisch gefüllt und manchmal mit einer grünen Kräutersauce getoppt werden. Mittags sieht man rings um den Imbissstand die Kunden stehen, während sie bei einem Gläschen toskanischen Rotweins ihre leckeren Brötchen verzehren, bevor sie dann wieder zur Arbeit zurückkehren. In meinen Augen hat das nichts mit dem zu tun, was man im Englischen als Fastfood bezeichnen würde. Das lässt an Zucker, Fett, Massenherstellung und »Eintönigkeit« denken, an Gerichte, bei denen sich die Kunden darauf verlassen können, dass sie immer gleich schmecken, egal, wo in der Welt man sie kauft.

Echtes italienisches Streetfood dagegen ist eine Begegnung mit dem Land, mit den Menschen, die es zubereiten, ihren Traditionen, ihren Vorfahren, ja sogar ihren Müttern. Es geht dabei ebenso sehr um Geografie wie auch um Tradition, denn meist spielt das, was in einer bestimmten Gegend wächst und gerade besonders reichlich gedeiht, in bestimmten Gerichten eine große Rolle. Daher wird eine traditionelle *porchetta* (Schweinebraten) in den Abruzzen sicherlich ganz anders schmecken als in Umbrien. Bei der Zubereitung werden andere Kräuter verwendet (wilder Fenchel in Umbrien, Rosmarin in den Abruzzen), das Schwein ist auf anderem Boden mit anderem Futter groß geworden und meist gibt es noch eine geheime Zutat oder Methode, gelernt von der Mamma (oder einem anderen, ebenso küchenaffinen Familienmitglied), weshalb die eine Porchetta besser schmeckt als alle anderen.

Verstehen Sie mich nicht falsch – Sie finden auch auf Italiens Straßen Fastfood aus Massenproduktion, insbesondere in größeren Städten, wo das rege Geschäft mit den Touristen die handwerkliche Produktion bei Weitem übersteigt. Wer sich aber darauf einlässt, zu schauen, in welche Gassen es die Einheimischen zieht, und ihnen zu folgen, der hat, selbst in größeren Städten, gute Aussichten, auf typisch regionale Straßenküche zu treffen, so zubereitet, wie es schon immer gemacht wurde, Dinge, die man auf den Straßen, in den Gassen oder in den Bars verzehren kann.

Welche Art von Streetfood wann gegessen wird, richtet sich nach dem Tagesrhythmus. Der Morgen beginnt mit einem Kaffee – oft begleitet von einer Brioche oder einer sonstigen Kleinigkeit – an der Theke in der Bar. Der nächste Stopp könnte am Vormittag der Bäcker sein, um ein Stück Focaccia zu holen. Später dann, für alle, die nicht zur traditionell langen Mittagspause nach Hause gehen können, ein Panino mit einem Gläschen Wein, das im Stehen vor der *paninoteca* oder am Imbisswagen verzehrt wird. Am Nachmittag könnte sich Lust auf ein *gelato* einstellen und später, wenn ein Aperitivo angesagt ist, sucht man sich in einer Bar ein paar leckere *crostini* aus oder eine der vielen Sorten *polpettine*, kleine Frikadellen aus Fleisch oder auch vegetarisch. Später am Abend dann gönnen sich hungrige junge Night-Clubber gern Fleischspieße oder frittierten Fisch in Spitztüten.

Dies sind die Gerichte, zu denen Sie in diesem Buch Rezepte finden werden, Gerichte, die eine Geschichte zu erzählen haben und auf eine lange Tradition zurückblicken, angepasst an die heimische Küche mit leicht verfügbaren Zutaten. Zu Hause zu kochen, ist eine meiner größten Freuden und wenn ich dabei traditionelle Dinge zubereite, bei denen ich mich in Italiens Gassen versetzt fühle, ist das fast so gut, wie selbst dort zu sein.

{ STREETFOOD IN ITALIEN: EINE KURZE GESCHICHTE }

In Italien wird schon sehr lange auf den Straßen Essen zubereitet, verkauft und verzehrt. Dank des Ausbruchs des Vesuvs im Jahr 79 n. Chr. ist belegt, dass in Pompeji schon damals »Streetfood« gang und gäbe war. So weiß man, dass im Thermopolium Wein und warme Gerichte verkauft wurden, die in Terracottakrügen auf Kundschaft warteten. Diese antike Variante von Take-away nutzten die, die zu Hause keine Küche hatten, aber auch die, die Lust hatten, in Gesellschaft etwas zu essen und einen Wein zu trinken. Man aß im Stehen, während man durch die römischen Straßen flanierte, oder auch in kleinen Speiseräumen, die manchmal im hinteren Bereich der Thermopolia ausgegraben wurden.

Im späten 19. Jahrhundert war, wie der italienische Foodautor Carlo Valli berichtete, die italienische Piazza nicht nur der Ort, an dem man sich traf und Neuigkeiten austauschte, sondern vielmehr das kulturelle und wirtschaftliche Zentrum der Stadt, der Ort, an dem Bürger Geld gegen Waren und Speisen tauschten. Straßenhändler waren dort der Dreh- und Angelpunkt und die auf der Piazza verkauften Gerichte, das Streetfood, für die Bürger nicht wegzudenken. Die von Valli beschriebenen Streetfood-Verkäufer waren spezialisiert auf bestimmte Gerichte und Zutaten. Sie verfügten somit über entsprechende Fähigkeiten und auch Titel, von denen einige heute keine Rolle mehr spielen wie etwa *il ranaiolo*, der Frösche fing, zubereitete und verkaufte. *Il lumacaio* suchte Schnecken und verkaufte diese sowohl lebend als auch gegart mit Petersilie, Knoblauch und Öl angemacht und beim *brustolinaio* gab es geröstete und gesalzene Kürbiskerne, eine Art Vorläufer von Popcorn. Man findet aber auch eine ganze Reihe von Händlern, die unter den traditionellen Bezeichnungen noch heute ihre Speisen auf den Straßen Italiens anbieten: *il caldarrostaio* verkauft *caldarroste* (geröstete Kastanien), *il trippaio* verkauft in den Straßen von Florenz gekochte Kutteln in Brötchen und in Palermo gibt es beim *meusaro* gegarte *milza* (Milz). So wie sich Sprache und Aufgabenbereiche im

Laufe der Zeit wandelten, haben sich auch neue Begriffe und Bereiche durchgesetzt. Sie beruhen auf einer globalisierten Sicht von Essen sowie den Begriffen, die dies beschreiben. So bereitet heute *lo snackista* in Bars Snacks zu – vorwiegend Häppchen wie Panini und Sandwiches.

Im ausgehenden 19. Jahrhundert in Neapels Straßen aufgenommene Fotos belegen eine lebhafte Streetfood-Kultur. Die Stadt war damals dicht besiedelt, Wohnraum war Mangelware, viele Wohnungen hatten keine Küche und aus der Not heraus lebten die Menschen viel auf der Straße. Die Fotos zeigen, wie in großen Pfannen voller Öl *zeppole* frittiert und an Marktständen *taralli* verkauft werden, wie Spaghetti geformt, getrocknet, gegart und dann von Horden hungriger Neapolitaner auf der

Straße gegessen werden. Es war eine Zeit großer Armut, eine Zeit, in der die Pizza vom *pizzaiuolo* (Pizzabäcker) mit einem einfachen Belag aus Tomaten, Knoblauch und Oregano für einen Großteil der Bevölkerung Frühstück und Mittagessen in einem war.

Heute verfügen natürlich nahezu alle Häuser über eine Küche, in der oft die Mamma das Essen zubereitet, aber dennoch spielt sich das Leben in vielen Städten draußen ab, insbesondere im weniger industrialisierten Süden Italiens, einschließlich Neapel. Beim Spaziergang durch die schmalen Gassen sieht man Wäsche hoch oben zwischen den Häuserreihen flattern, Frauen, die sich über die Straße hinweg von einem Fenster zum anderen lebhaft unterhalten, Männer, die in Gruppen zusammenstehen

oder auf improvisierten Sitzen aus Obstkisten hocken und Karten spielen. Das Thema Essen spielt dabei immer eine wichtige Rolle und so gibt es nach wie vor eine lebendige Streetfood-Kultur, keineswegs allein der Touristen wegen, sondern um hungrige Einheimische zu versorgen, die aufgrund der Bedingungen des Lebensalltags weniger zu Hause und häufiger auswärts essen. Auf dem geschichtsträchtigen Mercato Ballarò in Palermo bekommt man Panelle oder Arancini für etwas mehr als einen Euro, frisch zubereitet in einem großen Topf sprudelnden, zischenden Öls. Ihr verlockender Duft zieht durch die Gänge und macht schon von Weitem Appetit. Mit einem langstieligen Schaumlöffel fischt der *friggitore di strada* (der Frittierbudenbetreiber sozusagen) sie heraus und reicht sie in einer Papierserviette. Gegessen werden sie dann einfach im Stehen oder unterwegs in den Gängen dieses quirligen Markttreibens.

In der von der Stadtmauer umgebenen Altstadt von Bari sitzen ältere Frauen bei offener Tür in ihren Häusern, sodass man zuschauen kann, wie sie aus einem Teig aus Hartweizengrieß Orecchiette formen. Die appetitlichen »Öhrchen« liegen dann zum Trocknen unter einem dünnen Netz auf behelfsmäßigen Tischen und werden später verkauft, an Einheimische ebenso wie an Touristen, die in den Genuss hausgemachter traditioneller Pasta kommen möchten.

{ STREETFOOD IN ITALIEN: MOBILE VERKAUFSSTÄNDE, VOLKSFESTE UND BARS}

Der Verkauf von Streetfood an Imbisswagen oder mobilen Buden hat in den letzten Jahren einen neuen Aufschwung erlebt. Die Wirtschaftskrise von 2008 brachte die Schließung zahlreicher Läden und Restaurants mit sich, was zu einem langsamen, aber steten Anstieg der Zahl mobiler Essensanbieter führte. Dank der Mobilität, der Flexibilität und der geringeren Betriebskosten für die Imbisswagen kostet auch das Essen weniger und ist

somit ideal, wenn man auswärts essen möchte, ohne viel auszugeben. Die Folge davon ist, dass Streetfood, das von kleinen Fahrzeugen (oft sind dies die dreirädrigen *Ape*, übersetzt »Biene« von Piaggio) oder von größeren, gut ausgestatteten Lieferwagen aus verkauft wird, bei jungen Leuten immer beliebter geworden ist, die den geselligen Aspekt daran ebenso lieben wie das Essen selbst.

Die Beliebtheit von Streetfood im modernen Sinne ist eng verbunden mit dem von den USA ausgehenden weltweiten Phänomen. In Italien gibt es zwar den Ausdruck *cibo da strada*, häufig jedoch wird der englische Begriff benutzt (oder sogar die phonetische Umschreibung *strit fud*). Zum Thema gibt es zahlreiche Websites, auf denen man sich über Veranstaltungen und Neuigkeiten informieren und austauschen kann. Im ganzen Land finden alljährlich zahlreiche Streetfood-Festivals statt – allein in der ersten Hälfte des Jahres 2016 gab es auf der Halbinsel über 25 Festivals. Häufig werden zwar amerikanisierte Gerichte verkauft, beispielsweise *hamburger di pollo* (Chicken Burger) oder *panini con pulled pork* (Brötchen mit Pulled Pork), aber in der Regel liegt der Schwerpunkt auf regionalen und traditionellen Gerichten. Der in Italien sehr geschichtsträchtige Beruf des Straßenhändlers belegt, dass es sich hier weniger um die Übernahme eines überseeischen Trends handelt als vielmehr um eine Weiterentwicklung der italienischen Tradition.

Bei den im ganzen Land regelmäßig stattfindenden *sagre* handelt es sich um Volksfeste religiösen Ursprungs, bei denen noch heute das Land und das, was es hervorbringt, geehrt wird. Gefeiert wird in den Straßen, auf den *piazze* und in den Parks. *Sagre* sind traditionell eng mit dem jeweiligen Ort verbunden und blicken auf eine lange Geschichte zurück. In vielen Fällen dreht sich das Fest um eine spezielle Zutat oder ein typisches Gericht. So gibt es die *sagra del pesce* (Fischfest), *sagra degli asparagi* (Spargelfest) oder auch die *sagra del fungo porcino* (Steinpilzfest). Das Essen spielt bei einer *sagra*, die sich auch über mehrere Tage erstrecken kann, immer eine wichtige Rolle, und das Angebot an Verkaufswagen oder -ständen, die mit ihrem Angebot das Thema der Sagra hervorheben, ist groß.

Bars in Italien sind nicht vergleichbar mit den Gegenstücken in vielen anderen Teilen der Welt. Die italienische Bar ist eher ein Café, in dem man neben Kaffee, Wein und sonstigen Getränken auch ein paar süße oder herzhafte Kleinigkeiten bekommt. Bars sind immer auch ein Treffpunkt für Einheimische, eine Art Erweiterung der traditionellen *piazza*. Wenn man bei einer Italienreise den Eindruck hat, in Italien an jeder Straßenecke auf eine Bar zu stoßen, dann liegt man damit gar nicht so falsch.

Im Jahr 2012 wurden in Italien über 172 000 Bars gezählt. Diese große Zahl bedeutet, dass ein großer Teil kleinerer Mahlzeiten – einschließlich die *brioche* zum Frühstück, die *pizzette* als Zwischenmahlzeit am Vormittag oder die *crostini* zum Aperitif – in einer Bar verzehrt wird, wo man an der Theke steht oder sitzt oder draußen am Tisch. Die Bar ist kein Ort zum langen Verweilen – man trinkt kurz einen Kaffee oder isst eine Kleinigkeit, unterhält sich mit Freunden und dann geht es auch schon wieder weiter.

{ STREETFOOD IN ITALIEN: DIE GERICHTE }

Letztes Jahr habe ich eine Tour de Force durch Italien gemacht, um die leckersten und authentischsten Gerichte der italienischen Straßenküche ausfindig zu machen. Drei Wochen lang Dinge kosten, mit Verkäufern reden und Notizen machen führten mich zu der Definition von Streetfood, die diesem Buch zugrunde liegt. Italienisches Streetfood kann fast immer ohne Besteck gegessen werden (man kann aber auch Zahnstocher oder Spieße nutzen) und es kann sowohl unterwegs als auch in einer Bar im Stehen oder Sitzen verzehrt werden. Es sind Speisen, die vor Ort zubereitet worden sein können oder aber von einer *pasticceria* (Konditorei) oder dem *forno* (Bäckerei) dort hingebracht wurden, wo sie gegessen werden sollen. Man kann sie an einer Bude oder einem Imbisswagen kaufen, in einer Bar oder einem kleinen Laden mit Straßentheke, in der Stadt, auf Märkten, kleinen und großen Volksfesten usw. Streetfood-Gerichte können typisch sein für eine bestimmte Stadt oder Region, für die jeweilige Jahreszeit oder auch für religiöse Feierlichkeiten. Sie bestehen meist nur aus ein paar Häppchen und werden oft *in fretta* (auf die Schnelle) gegessen.

Nicht alle Streetfood-Gerichte, auf die ich gestoßen bin, sind geeignet für die heimische Küche. Auf dem Weg zum Archäologischen Museum in Neapel habe ich im letzten Jahr die *pizza a portafoglio* kennengelernt, was wörtlich übersetzt so viel bedeutet wie »Brieftaschenpizza«. Dabei handelt es sich um eine praktische Art, Pizza zu essen, wie sie typisch ist für die neapolitanische Pizza. Sie wird zweimal übereinandergefaltet auf ein Brieftaschenformat, sodass der Belag nicht herausfallen kann. Die neapolitanische Pizza ist am Rand schön knusprig und dick, in der Mitte aber dünn und weich, mit süßen Tomaten und einer Prise Oregano – einfach meisterhaft perfekt in ihrer Schlichtheit. Diese Perfektion zu Hause hinzubekommen, ist so gut wie unmöglich, denn kaum jemand verfügt über einen Holzofen, der jedoch hierfür wichtig ist. Daher habe ich im Barista-Kapitel zwar *pizzette* eingefügt (kleine Pizzasnacks, wie man sie in einer italienischen Bar finden kann), aber keine klassische Pizza.

Die Zahl der in *Italia a Mano* verwendeten Zutaten ist überschaubar und die Rezepte konzentrieren sich vorwiegend auf traditionellere Garmethoden wie Braten und Backen. Es gibt viele Speisen mit Brot und andere Häppchen, die sich wunderbar als Vorspeise oder Fingerfood eignen und sehr gut zu einem Glas Prosecco oder einem Bier passen. Im Kapitel zum Eis habe ich mir eine gewisse kreative Freiheit geleistet, wie es wohl jeder gute *gelataio* (Eismacher) tun würde. So habe ich nicht nur versucht, die Geschmacksrichtungen nachzuahmen, die ich auf meinen Italienreisen gekostet habe, sondern auch neue Geschmackskombinationen ausprobiert.

ANMERKUNGEN ZU DEN ZUTATEN

{ WEIZENMEHLE }

Weizenmehl wird nach dem Glutengehalt (Klebereiweiß) oder nach dem Mahlgrad in unterschiedliche Typen aufgeteilt. Die Auswahl der Mehlsorte hängt davon ab, was man mit dem Mehl vorhat.

EIWEISSGEHALT

Der Eiweißgehalt von Mehl ist ein wichtiger Faktor, denn vom enthaltenen Gluten, dem Klebereiweiß, hängt es ab, wie viel Wasser das Mehl aufnimmt, wie dehnbar es wird und somit, wofür man es verwenden kann. Allgemein gilt, je höher der Eiweißgehalt, desto länger muss der Teig gehen und desto elastischer wird er. Manchmal findet man auf der Mehlpackung eine Angabe mit W, gefolgt von einer Zahl. Diese W-Werte geben den Glutengehalt des Mehls an bzw. seine Backstärke – W360 weist beispielsweise auf einen hohen Glutengehalt hin, dieses Mehl ist somit backstärker als W120, das einen niedrigeren Glutengehalt hat. Meistens fehlt jedoch diese Angabe und man findet nur Typenbezeichnungen. In Italien beispielsweise Tipo 0 oder 00, in Deutschland Type 405 oder 550.

Diese beziehen sich auf die Weizensorte *Triticum aestivum* (Weich- oder Sommerweizen, auf Italienisch *grano tenero*). Ob es sich um Mehl aus Weich- oder Hartweizen (*semola di grano duro* oder *semola rimacinata*) handelt und wie backstark es ist, geht in der Regel aus der näheren Bezeichnung auf der Verpackung hervor. Ein starkes Mehl hat einen hohen Eiweißgehalt und ist im Allgemeinen für Brot und Pizza gut geeignet. Für Kuchen und Gebäck wird in der Regel »schwaches« Mehl mit einem niedrigeren Glutengehalt bevorzugt (Type 405).

Ein guter Allrounder unter den Mehlen ist Weizenmehl der Type 550 mit einem mittleren Eiweißgehalt. Es ist hier für die meisten Rezepte geeignet, es sei denn, die Backstärke ist eigens angegeben.

MAHLGRADE

In vielen italienischen Rezepten ist *farina tipo 00* gefragt. Dabei handelt es sich um ein sehr feines, helles Mehl, für das man ersatzweise problemlos Weizenmehl Type 405 verwenden kann. Häufig steht auf den italienischen Mehltüten zusätzlich noch dabei, ob das Mehl vorwiegend für Kuchen oder eher für Brote und Pizzen geeignet ist, also backstärker ist.

Farina tipo 0 ist dagegen etwas dunkler und weniger fein vermahlen. Als Ersatz ist hier Weizenmehl Type 550 geeignet.

Bei *semola di grano duro* handelt es sich um ein Mehlprodukt aus *triticum durum* (Hartweizen bzw. *grano duro*). Der feine gelbliche Hartweizengrieß, der optisch an feines Polentamehl erinnert, ist die Grundzutat vieler Pastasorten. *Semola rimacinata*, manchmal auch *farina di grano duro* genannt, ist besonders fein gemahlener Hartweizengrieß, der normalem Mehl sehr ähnlich ist. Dieses manchmal als Hartweizenmehl oder Hartweizendunst bezeichnete Erzeugnis wird für bestimmte Nudelsorten und Pizza verwendet, oft in Kombination mit feineren Mehlen.

{ HEFE }

Viele der Rezepte in diesem Buch basieren auf Brotteig und somit auf Hefe. Zu Hause verwende ich gern frische Hefe, aber es ist klar, dass man diese nicht unbedingt immer im Kühlschrank vorrätig hat, auch weil sie nach wenigen Wochen ihre Triebfähigkeit verliert (egal was auf dem Etikett steht). Sie kann allerdings gut eingefroren werden. Eine praktische Alternative zu frischer Hefe ist Trockenhefe. Diese ist feinkörnig und kann ohne Anrühren verarbeitet werden. Angebrochene Packungen sollten gut verschlossen im Kühlschrank aufbewahrt werden. Achten Sie auf das Haltbarkeitsdatum, denn sie kann ihre Triebfähigkeit mit der Zeit einbüßen. Neben der handelsüblichen Trockenbackhefe gibt es auch eine aktive Trockenhefe, die zuvor mit Wasser angerührt werden muss, was bei der Vorgehensweise im Rezept berücksichtigt werden sollte.

Um bei einem Rezept von frischer Hefe zu Trockenhefe umzurechnen, multipliziere ich die Menge frischer Hefe mit dem Faktor 0,4. So entsprechen beispielsweise 20 g frische Hefe 5 g Trockenhefe. Bei der Verwendung von Trockenhefe macht es einen Unterschied, ob man ein paar Gramm mehr oder weniger nimmt. Wird nicht die exakte Menge verwendet, gelingen Rezepte möglicherweise nicht wie gewünscht. Daher ist der Einsatz eines Teelöffels zum Abmessen hier eher schwierig. 1 TL Trockenhefe wiegt knapp über 3 g. Sind 5 g gefragt, könnte es somit knifflig werden, das mit dem Löffel genau hinzubekommen. Ich wiege alle Zutaten immer ab und dabei ist eine präzise digitale Waage eine sehr große Hilfe, insbesondere bei Trockenhefe. Das mag etwas länger dauern, aber beim Backen ist Genauigkeit gefragt.

{KÄSE}

Käse ist eine der Grundlagen italienischer Küche. Man muss sich nur überlegen, in wie vielen Gerichten Mozzarella, Ricotta, Parmesan verwendet wird – ohne Käse wäre italienisches Essen nicht das, was es ist. Viele der in diesem Buch aufgeführten Gerichte enthalten Käse und es lohnt sich, die entsprechenden Sorten zu verwenden.

RICOTTA

Ricotta (wörtlich »nochmals gekocht«) wird aus Molke hergestellt und ist eigentlich ein Nebenerzeugnis der Käseproduktion. Er ist weiß, fluffig, leicht süßlich und sehr vielseitig verwendbar. Man kann eine vereinfachte Art von Ricotta leicht zu Hause selbst machen, indem man sehr frische Milch erhitzt und etwas Essig zugibt, bis die Milch gerinnt. Die meisten Sorten Ricotta,

die man heute kaufen kann, sind aus Kuhmilch, aber auf dem Land findet man zuweilen auch Ricotta aus Ziegen-, Schafs- oder, in manchen Gegenden, Büffelmilch. Bei vielen kommerziellen Varianten von Ricotta handelt es sich heute nicht mehr wirklich um ein Nebenprodukt der Käseherstellung, sondern sie werden eigens hergestellt.

Ich habe das Glück, vor Ort eine Käserei zu haben, wo täglich frischer Ricotta aus Kuhmilch gemacht wird. Als Alternative kaufe ich im Supermarkt oder Feinkostladen hochwertigen Ricotta, im Idealfall im Abtropfkörbchen. Dieser hat einen delikaten Geschmack, ist fest und eher rahmig als körnig. Er kann sehr gut aufgeschlagen werden, sodass er schön glatt und streichfähig wird. Bei abgepacktem Ricotta sollte man darauf achten, ob Zusatzstoffe wie Verdickungsmittel und Stabilisatoren enthalten sind, die ihn streichfähiger machen, was sich allerdings auf die Konsistenz auswirkt. Wenn hier im Buch Ricotta bei den Zutaten aufgelistet ist, dann ist damit frischer Ricotta aus Kuhmilch im Abtropfkörbchen gemeint oder ein sonstiger hochwertiger Ricotta.

MOZZARELLA

Mozzarella, traditionell hergestellt aus *latte di bufala* (Büffelmilch), ist ein Käse vom Typ *pasta filata*, was so viel heißt wie »gesponnener Teig«. *Fior di latte* (wörtlich übersetzt »Blüte der Milch«) wird nach einem sehr ähnlichen Verfahren hergestellt und häufig auch als Mozzarella bezeichnet, ist allerdings immer aus Kuhmilch. Da Kuhmilch verglichen mit Büffelmilch einen niedrigeren Fett- und Eiweißgehalt hat, weisen beide leicht unterschiedliche Eigenschaften auf und so ist Büffelmozzarella saftiger und schmilzt langsamer.

Mozzarella kann man manchmal frisch und unverpackt kaufen, meist aber abgepackt in Lake und auch als trockeneren (reiferen), oft bereits geraspelten Käse (Pizzakäse). Beim Kochen ist Mozzarella ideal für Gerichte, bei denen milder Käse geschmolzen werden soll. Wenn Italiener von Mozzarella sprechen, meinen sie in der

Regel den frischen Büffelmozzarella von milchig weißer Farbe. Er ist weich, saftig und wird in Lake gelagert. Allerdings sind heute viele Sorten Mozzarella aus Kuhmilch gemacht, was allerdings aus dem Etikett hervorgehen sollte. In beiden Fällen ist frischer Mozzarella in der Regel kugelförmig und an einer Seite durch das *mozzare*, das Abtrennen (daher Mozzarella), leicht abgeflacht.

Neben frischem Mozzarella, der mit Lake abgepackt verkauft wird, findet man im Supermarkt auch manchmal unter Vakuum verpackten Mozzarellakäse ohne Lake. Dieser ist immer aus Kuhmilch, hat eine gummiartige Konsistenz und hervorragende Schmelzeigenschaften, die für Pizza oder Pizzette (Seite 24) sowie für Lasagne oder Panzerotti (Seite 79) praktisch sind. Allerdings würde ich nicht dazu raten, ihn einfach so zu Brot zu essen, da er fade schmeckt und die Konsistenz eher unangenehm ist. Eine gute Alternative zu Mozzarella, ob frisch oder

schnittfest/reifer, ist Scamorza, ebenfalls ein Filata-Käse aus Kuhmilch. Er ist dem Fior di latte ähnlich, wird aber etwas länger gereift und ist daher trockener und schnittfester. Wenn er in einer guten Käserei hergestellt wird, ist er vielen einfachen Supermarkt-Mozzarellas überlegen. Scamorza gibt es als *scamorza bianca* (weiß) oder als *scamorza affumicata* (geräuchert). Dank seines delikaten Aromas und der festen (aber keineswegs gummiartigen) Konsistenz kann man ihn auch gut zu einem Stück Brot essen.

Bei den Rezepten in diesem Buch kommen frischer Mozzarella (aus Büffelmilch oder Fior di latte aus Kuhmilch) oder ein schnittfesterer Filata-Käse (abgepackter Mozzarella oder Scamorza) zum Einsatz. Nehmen Sie das, was Sie jeweils finden können. Zu bedenken ist, dass frischer Mozzarella wässriger ist als ein gereifterer Filata-Käse.

iL BARISTA

{ PIZZETTE UND CROSTINI }

PIZZETTE

Pizzette con pomodoro e mozzarella
Pizzette mit Tomate und Mozzarella

Pizzette con patate e cipolle
Pizzette mit Kartoffel und Zwiebel

Pizzette con pomodoro e acciughe
Pizzette mit Tomate und Sardelle

Pizzette con Gorgonzola e funghi
Pizzette mit Gorgonzola und Pilzen

Pizzette con salsicce, zucchine e mozzarella
Pizzette mit Salsiccia, Zucchini und Mozzarella

CROSTINI

Crostini con uova sode e acciughe
Crostini mit Ei und Sardelle

Crostini con Gorgonzola, pera e balsamico
Crostini mit Gorgonzola, Birne und Balsamessig

Crostini con ricotta mantecata, acciughe e frutti del cappero
Crostini mit Ricotta, Sardelle und Kapernäpfeln

Crostini con radicchio sottaceto e bresaola
Crostini mit eingelegtem Radicchio und Bresaola

Crostini con crema di sgombro e capperi
Crostini mit Makrelencreme und Kapern

Crostini con burro, acciughe e mozzarella
Crostini mit Butter, Sardellen und frischem Mozzarella

Mario, mein *zio* (Onkel), ist seit ungefähr 30 Jahren Stammgast in der Bar alla Posta. Dort trinkt er morgens seinen Kaffee zu einem süßen Teilchen, spielt mit Freunden eine schnelle Runde *Briscola* (ein beliebtes italienisches Kartenspiel) an den Tischen auf dem Gehweg und genießt am späten Nachmittag einen *spuntino* (Snack) und einen Aperitif. Wenn er, was selten vorkommt, beschließt, einen Schlummertrunk zu nehmen, kehrt er ebenfalls hierher zurück. Früher trafen sich Mario und seine Freunde in der Bar al Commercio, die nur drei Türen weiter und näher an der Piazza liegt, aber sie zogen um, als der Barista die Bar verließ, um in der Bar alla Posta zu arbeiten. Diese Art von Loyalität ist selten, aber ein deutliches Zeichen für die enge Beziehung zwischen dem Barista und seinen Stammgästen.

Viele Italiener, vor allem diejenigen, die im Ruhestand sind, verbringen viel Zeit in ihrer Bar an der Ecke. Sie ist ein vertrautes zweites Zuhause, in dem sie zusammen mit den anderen Stammgästen und dem Barista zu einer Art Großfamilie werden. Sie reden über das Wetter, das Kommen und Gehen in der Nachbarschaft und natürlich über das Essen. Sie kommen vielleicht mehrmals am Tag in die Bar, bleiben aber selten lange dort: Ein schneller Kaffee, ein Bier oder ein Glas Wein, ein kleiner Imbiss, ein kurzer Plausch mit dem Barista und den anderen Gästen, und schon sind sie wieder draußen.

Die Rolle der Baristas in Italien unterscheidet sich ein wenig von den Baristas anderswo in der westlichen Welt (die häufig auf die Zubereitung des Kaffees beschränkt ist). Der klassische italienische Barista arbeitet hinter der Bar und bereitet den Kaffee zu, übernimmt aber auch die Rolle des Barkeepers. Er schenkt alkoholische Getränke und Softdrinks aus und ist für die Zubereitung und/oder das Servieren von Snacks von Gebäck bis hin zu *pizzette* (Mini-Pizzen) zuständig. Die in diesen italienischen Bars servierten Speisen kommen häufig aus der Region. So wird man zum Beispiel Mühe haben, in einer Bar in Sizilien kleine Brotscheiben mit Belag *(crostini)* zu finden, während sie in Florenz in vielen Bars verkauft werden.

Venedig verdient besondere Erwähnung, weil es dort neben den typischen italienischen Bars auch eine ganze Reihe von *bacari* gibt, die eher Weinbars ähneln. Die Spezialität der Bacari sind Weine, zu denen herzhafte Häppchen, genannt *cichetti*, gereicht werden. Häufig sind die Bacari nicht größer als ein schmaler Gang. Da Venedig in einer Lagune liegt, werden viele *cichetti* mit Meeresfrüchten zubereitet, zum Beispiel die *sarde in saor* (Sardinen in einer süßsauren Sauce), und werden häufig auf runden Crostini serviert. Aber auch mundgerechte *polpette* (Fleischbällchen) mit Meeresfrüchten, Fleisch oder Aubergine sind im Angebot.

Bei meinem letzten Besuch in Venedig habe ich abseits der ausgetretenen Pfade am Campo dei Tolentini einen winzigen Bacaro *(bacareto)* entdeckt. Das Lokal öffnete um 8 Uhr morgens und servierte in kleinen Gläsern Wein aus Krügen mit der Aufschrift *nero* und *bianco* und dazu kleine Panini, die *topolini* (kleine Mäuse) genannt werden und mit Prosciutto, Salami oder Käse belegt sind. Als ich um 10 Uhr dort vorbeiging, hockte mindestens ein Dutzend Leute auf alten Weinfässern vor der Tür, trank ein Glas Wein und aß *topolini* dazu. Ich erkämpfte mir meinen Weg in die enge Bar und bestellte beim Barista, der mit Weinkrügen und Essen jonglierte, aber gleichzeitig auch kassierte, genau das, was alle anderen auch hatten. Weiter hinten bereiteten einige Männer weitere Häppchen zu. Für mich schien an diesem neblig-kalten Tag in Venedig alles geradezu perfekt zu sein.

PIZZETTE

{ GRUNDTEIG FÜR PIZZETTE }

GRUNDTEIG

500 G WEIZENMEHL TYPE 550

10 G TROCKENHEFE

1 TL OLIVENÖL

250 ML LAUWARMES WASSER

1½ TL SALZ

40 G BUTTER, ZIMMERWARM, IN KLEINE
WÜRFEL GESCHNITTEN

Kommt man nachmittags in Italien in eine Bar, wird man fast immer einen hohen Stapel Pizzette in der Auslage sehen. Diese mundgerechten Mini-Pizzen – in der Regel mit einem Belag aus Tomate und Mozzarella – sind am späten Nachmittag oder frühen Abend ein großartiger Begleiter zu einem Glas Wein. Sie sind auch zu Hause einfach zuzubereiten und kommen vor allem bei Kindern gut an. Ich backe sie auf einem Pizzastein, den ich schon während des Vorheizens in den Ofen lege. Nach einem Holzofen ist ein solcher Stein, der in vielen guten Haushaltswaren-geschäften erhältlich ist, die beste Wahl.

Sie können Ihre Pizzette mit unterschiedlichen Toppings zubereiten und als Antipasti bei Partys servieren. In diesem Kapitel sind fünf Varianten aufgeführt, aber lassen Sie Ihrer Fantasie beim Pizzabelag freien Lauf. Die einzige Regel lautet, dass er einfach und saisonal sein sollte und aus nicht mehr als aus drei Zutaten auf einer Pizzetta bestehen sollte. Bei den Zutaten für den Belag sind keine Mengen angegeben, weil es ganz davon abhängt, wie viele Pizzette Sie zubereiten. Wenn ich die gesamte Teigmenge herstelle, bereite ich drei oder vier verschiedene Varianten zu.

Das Mehl und die Hefe in einer großen Schüssel vermischen, dann auf eine saubere Arbeitsfläche schütten. In die Mitte eine Mulde drücken und nach und nach das Olivenöl und das Wasser zugeben. Das Mehl von der Mitte zum Rand mit einer Gabel in die Flüssigkeit einarbeiten, bis ein grober Teig entstanden ist.

Das Salz und einige Würfel Butter zugeben und in den Teig kneten. Dann mit den restlichen Butterwürfeln nach und nach zu einem glatten Teig verkneten. In eine große Schüssel geben, mit Frischhaltefolie abdecken und mindestens 1 Stunde an einen vor Zugluft geschützten Ort stellen, bis sich sein Volumen verdoppelt hat.

Aus den Rezepten auf den nachfolgenden Seiten den Belag auswählen.

ERGIBT 30 PIZZETTE VON 8 CM DURCHMESSER

PIZZETTE con POMODORO e MOZZARELLA

{ PIZZETTE MIT TOMATE UND MOZZARELLA }

WEIZENMEHL TYPE 550, ZUM BEMEHLEN

GRUNDTEIG FÜR PIZZETTE (SEITE 24)

NATIVES OLIVENÖL EXTRA

400 G (1 DOSE) STÜCKIGE TOMATEN

GETROCKNETER OREGANO

GEREIFTER ODER FRISCHER MOZZARELLA
ODER SCAMORZA (SIEHE SEITEN 18–19),
IN KLEINE WÜRFEL GESCHNITTEN

FLOCKIGES MEERSALZ

Den Backofen auf 220 °C vorheizen und einen Pizzastein auf eine der oberen Schienen schieben.

Den Teig auf einer leicht bemehlten Arbeitsfläche rund ausrollen, dabei zwischendurch ab und zu wenden. Mit einem kreisförmigen Ausstecher (8 cm Durchmesser) Kreise aus dem Teig ausschneiden. Mit dem Finger die Teigscheiben mit etwas Olivenöl einreiben.

Eine flache, große Mulde in die Mitte jeder Teigscheibe drücken. Einen gehäuften TL stückige Tomaten in die Mulde geben und mit einer Prise Oregano bestreuen.

Die Pizzette vorsichtig auf den Pizzastein schieben und 6 Minuten backen. Den Stein aus dem Ofen nehmen und auf eine hitzebeständige Oberfläche stellen. Den gewürfelten Mozzarella über die Pizzette streuen, den Stein zurück in den Ofen schieben und weitere 6 Minuten backen, bis der Teig goldgelb und der Käse zerlaufen ist.

Ein wenig Olivenöl auf jede Pizzetta träufeln, nach Belieben mit Meersalz bestreuen und warm servieren.

PIZZETTE con PATATE e CIPOLLE

{ PIZZETTE MIT KARTOFFEL UND ZWIEBEL }

WEIZENMEHL TYPE 550, ZUM BEMEHLEN

1 MITTELGROSSE, VORWIEGEND FESTKOCHENDE KARTOFFEL (Z. B. DÉSIRÉE)

GRUNDTEIG FÜR PIZZETTE (SEITE 24)

NATIVES OLIVENÖL EXTRA

¼ KLEINE ROTE ZWIEBEL, IN FEINE RINGE GESCHNITTEN

EINIGE ZWEIGE ROSMARIN, DIE NADELN ABGESTREIFT

FLOCKIGES MEERSALZ

Den Backofen auf 220° C vorheizen und einen Pizzastein auf eine der oberen Schienen schieben.

Die Kartoffel in einem kleinen Topf mit Salzwasser bei mittlerer Hitze gar kochen. Abgießen, schälen und in feine Scheiben schneiden.

Den Teig auf einer leicht bemehlten Arbeitsfläche rund ausrollen, dabei zwischendurch ab und zu wenden. Mit einem kreisförmigen Ausstecher (8 cm Durchmesser) Kreise aus dem Teig ausschneiden. Mit dem Finger die Teigscheiben mit etwas Olivenöl einreiben.

Jede Pizzetta mit 1–2 Kartoffelscheiben belegen, gefolgt von einigen Zwiebelringen und zum Schluss ein paar Rosmarinnadeln.

Die Pizzette vorsichtig auf den Pizzastein schieben und 12 Minuten backen.

Ein wenig Olivenöl auf jede Pizzetta träufeln, nach Belieben mit etwas Meersalz bestreuen und warm servieren.

PIZZETTE con POMODORO e ACCIUGHE

{ PIZZETTE MIT TOMATE UND SARDELLE }

WEIZENMEHL TYPE 550, ZUM BEMEHLEN
GRUNDTEIG FÜR PIZZETTE (SEITE 24)
NATIVES OLIVENÖL EXTRA
400 G (1 DOSE) STÜCKIGE TOMATEN
SARDELLEN IN OLIVENÖL, ABGETROPFT
UND IN FEINE STREIFEN GESCHNITTEN
KAPERNÄPFEL, ABGETROPFT

Den Backofen auf 220° C vorheizen und einen Pizzastein auf eine der oberen Schienen schieben.

Den Teig auf einer leicht bemehlten Arbeitsfläche rund ausrollen, dabei zwischendurch ab und zu wenden. Mit einem kreisförmigen Ausstecher (8 cm Durchmesser) Kreise aus dem Teig ausschneiden. Mit dem Finger die Teigscheiben mit etwas Olivenöl einreiben.

Eine flache, große Mulde in die Mitte jeder Teigscheibe drücken. Einen gehäuften TL stückige Tomaten in die Mulde geben und darauf einige Sardellenstreifen geben.

Die Pizzette vorsichtig auf den Pizzastein schieben und 6 Minuten backen. Den Stein aus dem Ofen nehmen und auf eine hitzebeständige Oberfläche stellen. Einen Kapernapfel auf jede Pizzetta geben, den Stein zurück in den Ofen schieben und weitere 6 Minuten backen, bis der Teig goldgelb ist.

Etwas Olivenöl auf jede Pizzetta träufeln und warm servieren.

PIZZETTE con GORGONZOLA e FUNGHI

{ PIZZETTE MIT GORGONZOLA UND PILZEN }

1 SCHUSS OLIVENÖL

1 KNOBLAUCHZEHE, GESCHÄLT UND ZERDRÜCKT

JUNGE ZUCHT-CHAMPIGNONS, GEPUTZT, IN FEINE SCHEIBEN GESCHNITTEN

EINIGE ZWEIGE THYMIAN, DIE BLÄTTER ABGEZUPFT, PLUS ETWAS ZUSÄTZLICH ZUM SERVIEREN

WEIZENMEHL TYPE 550, ZUM BEMEHLEN

GRUNDTEIG FÜR PIZZETTE (SEITE 24)

NATIVES OLIVENÖL EXTRA

GORGONZOLA ODER ANDERER CREMIGER BLAUSCHIMMELKÄSE, IN SCHEIBEN GESCHNITTEN

FLOCKIGES MEERSALZ

Das Öl und den Knoblauch in einer kleinen Pfanne bei mittlerer Temperatur erhitzen. Wenn der Knoblauch anfängt zu duften, die Pilze zugeben und unter Rühren einige Minuten garen, dann die Temperatur reduzieren und einige Thymianblätter zugeben. Köcheln lassen, bis die Pilze weich sind, und einen Schuss Wasser zugeben, wenn sie zu trocken werden. Nach Geschmack mit Salz und Pfeffer würzen und beiseitestellen.

Den Backofen auf 220° C vorheizen und einen Pizzastein auf eine der oberen Schienen schieben.

Den Teig auf einer leicht bemehlten Arbeitsfläche rund ausrollen, dabei zwischendurch ab und zu wenden. Mit einem kreisförmigen Ausstecher (8 cm Durchmesser) Kreise aus dem Teig ausschneiden. Mit dem Finger die Teigscheiben mit etwas Olivenöl einreiben.

Jede Pizzetta zuerst mit einer Scheibe Gorgonzola belegen, gefolgt von einigen Champignonscheiben.

Die Pizzette vorsichtig auf den Pizzastein schieben und 12 Minuten backen.

Die Pizzette mit ein wenig Olivenöl beträufeln, nach Belieben mit Meersalz bestreuen und mit einem Thymianzweig garnieren. Warm servieren.

PIZZETTE con SALSICCE, ZUCCHINE e MOZZARELLA

{ PIZZETTE MIT SALSICCIA, ZUCCHINI UND MOZZARELLA }

SALSICCIA (BRATWURST AUS SCHWEINEFLEISCH MIT FENCHELSAMEN (1 SALSICCIA IST AUSREICHEND FÜR ETWA 10 PIZZETTE)

WEIZENMEHL TYPE 550, ZUM BEMEHLEN

GRUNDTEIG FÜR PIZZETTE (SEITE 24)

NATIVES OLIVENÖL EXTRA

IN FEINE SCHEIBEN GESCHNITTENE ZUCCHINI

GEREIFTER ODER FRISCHER MOZZARELLA ODER SCAMORZA (SIEHE SEITEN 18–19), IN KLEINE WÜRFEL GESCHNITTEN

Die Haut von den Bratwürsten abziehen und das Wurstbrät in eine kleine Schüssel geben. Mit dem Rücken einer Gabel zu einer krümeligen Konsistenz zerdrücken. In einer kleinen, beschichteten Pfanne bei mittlerer Hitze etwa 5 Minuten garen, bis es durch ist, und beiseitestellen.

Den Backofen auf 220° C vorheizen und einen Pizzastein auf eine der oberen Schienen schieben.

Den Teig auf einer leicht bemehlten Arbeitsfläche rund ausrollen, dabei zwischendurch ab und zu wenden. Mit einem kreisförmigen Ausstecher (8 cm Durchmesser) Kreise aus dem Teig ausschneiden. Mit dem Finger die Teigscheiben mit etwas Olivenöl einreiben.

Auf jede Pizzetta 2–3 Zucchinischeiben geben und mit 1 TL des gegarten Wurstbräts toppen.

Die Pizzette vorsichtig auf den Pizzastein schieben und 6 Minuten backen. Den Stein aus dem Ofen nehmen und auf eine hitzebeständige Oberfläche stellen. Den gewürfelten Käse über die Pizzette streuen, den Stein zurück in den Ofen schieben und weitere 6 Minuten backen, bis der Teig goldgelb und der Käse zerlaufen ist.

Etwas Olivenöl auf jede Pizzetta träufeln und warm servieren.

CROSTINI

Crostini sind kleine Brotscheiben vom Vortag, die in der Regel auf einem Grill geröstet und mit allen möglichen Köstlichkeiten belegt werden. Sie werden häufig zu einem Glas Wein am späten Nachmittag verzehrt, im Stehen oder auf einem Barhocker an der Theke sitzend. Man findet sie vor allem in der Toskana und Umbrien, aber auch in Venedig, wo sie neben den vielen anderen cichetti (Snacks) in den Bacari oder Osterie angeboten werden.

Wenn ich Crostini zu Hause zubereite, bestreiche ich sie leicht mit Olivenöl und röste sie dann in einer Grillpfanne, bis Grillstreifen zu sehen sind. Sie sollten sich für die Brotart entscheiden, die Ihnen am besten schmeckt – frisches Brot, Brot vom Vortag oder geröstetes Brot –, für mich spielt der Belag die Hauptrolle. Ich verwende gern Stangenbrot, weil die Größe der Scheiben sich gut für Crostini eignet. Sie können das Brot ganz nach Geschmack geröstet und warm oder einfach so servieren. Ich röste es gern 10 Minuten vor dem Servieren.

Nachfolgend finden Sie sechs meiner Lieblingstoppings für Crostini. Sie eignen sich wunderbar als Appetithäppchen für Gäste. Die meisten Toppings können einige Zeit im Voraus zubereitet werden, sodass die Brotscheiben dann nur noch belegt werden müssen. Oder Sie bitten einen Ihrer Gäste, Ihnen zur Hand zu gehen, und Sie beide trinken ein Glas Wein dazu.

CROSTINI con UOVA SODE e ACCIUGHE

{ CROSTINI MIT EI UND SARDELLE }

1 STANGENBROT ODER 1 BAGUETTE,
IN 1 CM DICKE SCHEIBEN GESCHNITTEN

OLIVENÖL, ZUM BESTREICHEN

2 EIER, HARTGEKOCHT, GEPELLT

24 HOCHWERTIGE SARDELLENFILETS

CHILIFLOCKEN

HOCHWERTIGES NATIVES OLIVENÖL EXTRA

Die Kombination aus hart gekochten Eiern und Sardellen klingt vielleicht nicht besonders aufregend, schmeckt aber schlichtweg himmlisch. Achten Sie darauf, nicht nur die hochwertigsten Sardellen zu verwenden, die Sie finden können (spanische Sardellen haben einen sehr gut Ruf und ganz allgemein gilt, je teurer, desto besser), sondern auch ein gutes Olivenöl zum Beträufeln der Crostini. Die Qualität dieser Hauptzutaten ist wirklich ausschlaggebend.

Die Brotscheiben mit etwas Olivenöl bestreichen und in eine heiße Grillpfanne geben. Bei starker Hitze grillen, bis Grillstreifen zu sehen sind, dann wenden und von der anderen Seite grillen. Darauf achten, das Brot nicht zu verbrennen. Das Brot kann mehrere Stunden im Voraus gegrillt werden oder erst kurz vor dem Servieren, wenn die Crostini noch ein wenig warm sein sollen.

Die hart gekochten Eier in 2–3 mm feine Scheiben schneiden. Auf jedes Crostino 1–2 Eischeiben (je nach Größe der Brotscheibe), 2 Sardellen und eine Prise Chiliflocken geben und mit Olivenöl beträufeln.

In die Mitte jedes Crostino einen Zahnstocher stecken (optional) und servieren.

ERGIBT 12 CROSTINI

CROSTINI con GORGONZOLA, PERA e BALSAMICO

{ CROSTINI MIT GORGONZOLA, BIRNE UND BALSAMESSIG }

1 STANGENBROT ODER 1 BAGUETTE, IN 1 CM DICKE SCHEIBEN GESCHNITTEN

OLIVENÖL, ZUM BESTREICHEN

4 EL BALSAMESSIG

120 G GORGONZOLA ODER ÄHNLICHER CREMIGER BLAUSCHIMMELKÄSE

1–2 REIFE BIRNEN, GESCHÄLT, KERNGEHÄUSE ENTFERNT UND IN SCHEIBEN GESCHNITTEN

Die Kombination aus cremig-pikantem Blauschimmelkäse, süßen Birnen und süßlich-saurem Balsamessig muss im Himmel entstanden sein. Die Birnen sollten reif, aber fest sein – Boscs Flaschenbirnen sind eine gute Wahl. Sie können eine handelsübliche Crema di Balsamico verwenden, wenn Sie die Balsamico-Reduktion nicht selbst herstellen möchten.

Die Brotscheiben mit etwas Olivenöl bestreichen und in eine Grillpfanne geben. Bei starker Hitze grillen, bis Grillstreifen zu sehen sind, dann wenden und von der anderen Seite grillen. Darauf achten, das Brot nicht zu verbrennen. Das Brot kann mehrere Stunden im Voraus gegrillt werden oder erst kurz vor dem Servieren, wenn die Crostini noch ein wenig warm sein sollen.

Für die Balsamico-Reduktion den Balsamessig in einen kleinen Topf auf mittlerer Stufe geben. Sobald der Essig leise köchelt, die Temperatur auf eine niedrige Stufe reduzieren und 8–10 Minuten zu einem dickflüssigen Sirup reduzieren. Vom Herd nehmen und abkühlen lassen.

Etwas zerkrümelten Blauschimmelkäse auf jeden Crostino geben, mit einigen Birnenscheiben belegen und mit Crema di Balsamico beträufeln.

In die Mitte jedes Crostino einen Zahnstocher stecken (optional) und servieren.

ERGIBT 12 CROSTINI

CROSTINI con RICOTTA MANTECATA, ACCIUGHE e FRUTTI DEL CAPPERO

{ CROSTINI MIT RICOTTA, SARDELLEN UND KAPERNÄPFELN }

1 STANGENBROT ODER 1 BAGUETTE, IN 1 CM DICKE SCHEIBEN GESCHNITTEN

OLIVENÖL, ZUM BESTREICHEN

180 G RICOTTA (SIEHE SEITE 18)

12 SARDELLEN VON BESTER QUALITÄT

12 KAPERNÄPFEL (ODER 36 IN SALZ EINGELEGTE KAPERN, ABGESPÜLT)

Ricotta ist unglaublich vielseitig. Schlägt man ihn kurz in der Küchenmaschine auf, hat man im Handumdrehen ein cremiges Topping für Crostini. Ich fülle ihn gern in einen Spritzbeutel, den man auch selbst herstellen kann, indem man eine der unteren Ecken eines Gefrierbeutels abschneidet. Die Kapernäpfel können durch in Salz eingelegte und abgetropfte Kapern ersetzt werden, aber ich mag den langen Stiel, der für eine dekorative Note sorgt.

Die Brotscheiben mit etwas Olivenöl bestreichen und in eine heiße Grillpfanne geben. Bei starker Hitze grillen, bis Grillstreifen zu sehen sind, dann wenden und von der anderen Seite grillen. Darauf achten, das Brot nicht zu verbrennen. Das Brot kann mehrere Stunden im Voraus gegrillt werden oder erst kurz vor dem Servieren, wenn die Crostini noch ein wenig warm sein sollen.

Den Ricotta in einem Standmixer etwa 15 Sekunden zu einer dickflüssigen Creme pürieren. (Die Ricottacreme kann im Voraus zubereitet und bis zur Verwendung im Kühlschrank aufbewahrt werden.) Die Ricottacreme in einen Spritzbeutel geben und einen kleinen Hügel auf jede gegrillte Brotscheibe spritzen. Eine Sardelle um den Ricotta wickeln, mit einem Kapernapfel (oder 3 Kapern) garnieren und sofort servieren.

ERGIBT 12 CROSTINI

CROSTINI con RADICCHIO SOTTACETO e BRESAOLA

{ CROSTINI MIT EINGELEGTEM RADICCHIO UND BRESAOLA }

5 BLÄTTER ROTER RADICCHIO

4 EL PROSECCO ODER TROCKENER WEISSWEIN

4 EL WEISSWEINESSIG

2 WACHOLDERBEEREN

2 PFEFFERKÖRNER

½ TL ZUCKER

NATIVES OLIVENÖL EXTRA

1 STANGENBROT ODER 1 BAGUETTE, IN 1 CM DICKE SCHEIBEN GESCHNITTEN

OLIVENÖL, ZUM BESTREICHEN

12 SCHEIBEN BRESAOLA

Mein Feinkostladen führt Bresaola vom Wagyu-Rind, der qualitativ eine Stufe über dem üblichen luftgetrockneten Rinderschinken liegt. Er ist zwar auch um einiges teurer, aber unendlich viel besser – ein wunderbar marmorierter Rinderschinken, der im Mund zergeht. Er liefert einen großartigen Kontrast zu dem leicht bitter eingelegten roten Radicchio. Wenn Sie keinen Bresaola finden können, ist in feine Scheiben geschnittene hochwertige Salami ein guter Ersatz. Dieses Rezept ergibt mehr eingelegten Radicchio, als benötigt wird (die Menge ist ausreichend für 24 Crostini). In einem verschlossenen Behälter mit Olivenöl bedeckt hält er sich einige Tage im Kühlschrank.

Für den eingelegten Radicchio die Radicchioblätter waschen und trockentupfen. In feine Streifen schneiden, dabei den härtesten Teil des weißen Strunks entfernen. Den Prosecco oder trockenen Weißwein, den Essig, die Wacholderbeeren, die Pfefferkörner und den Zucker in einem kleinen Topf zum Kochen bringen. Von der Kochstelle nehmen, die Radicchioblätter zugeben und so weit wie möglich mit der Flüssigkeit bedecken. Zum Ziehen 5 Minuten beiseitestellen, dann abgießen, in eine kleine Schüssel geben und mit dem Olivenöl bedecken.

Die Brotscheiben mit etwas Olivenöl bestreichen und in eine Grillpfanne geben. Bei starker Hitze grillen, bis Grillstreifen zu sehen sind, dann wenden und von der anderen Seite grillen. Darauf achten, das Brot nicht zu verbrennen. Das Brot kann mehrere Stunden im Voraus gegrillt werden oder erst kurz vor dem Servieren, wenn die Crostini noch ein wenig warm sein sollen.

Auf jeden Crostino eine Scheibe Bresaola geben, gefolgt von einigen Radicchiostreifen.

In die Mitte jedes Crostino einen Zahnstocher stecken (optional) und servieren.

ERGIBT 12 CROSTINI

CROSTINI con CREMA DI SGOMBRO e CAPPERI

{ CROSTINI MIT MAKRELENCREME UND KAPERN }

1 STANGENBROT ODER 1 BAGUETTE, IN 1 CM DICKE SCHEIBEN GESCHNITTEN

OLIVENÖL, ZUM BESTREICHEN

120 G HOCHWERTIGE MAKRELE (DOSE), ABGETROPFT

½ EL NATIVES OLIVENÖL EXTRA

1 EIGELB

½ TL WEISSWEINESSIG

125 ML PFLANZENÖL

FLOCKIGES MEERSALZ

EINIGE BLÄTTER KOPFSALAT, FEIN ZERKLEINERT

IN SALZ EINGELEGTE KAPERN, SORGFÄLTIG ABGESPÜLT

Die Makrelencreme in diesem Rezept ist im Grunde genommen eine Makrelenmayonnaise. Verwenden Sie hochwertige, in Olivenöl eingelegte Makrele aus der Dose, bevorzugt aus Italien oder Spanien. In Salz eingelegte Kapern sind hier den in Lake eingelegten vorzuziehen, da diese leicht nach Essig schmecken können. Vergessen Sie nicht, die Kapern gründlich abzuspülen, damit sie nicht zu salzig sind. Ich weiche sie normalerweise etwa 5 Minuten in einer kleinen Schüssel mit Wasser ein, um das überschüssige Salz zu entfernen.

Die Brotscheiben mit etwas Olivenöl bestreichen und in eine heiße Grillpfanne geben. Bei starker Hitze grillen, bis Grillstreifen zu sehen sind, dann wenden und von der anderen Seite grillen. Darauf achten, das Brot nicht zu verbrennen. Das Brot kann mehrere Stunden im Voraus gegrillt werden oder erst kurz vor dem Servieren, wenn die Crostini noch ein wenig warm sein sollen.

Die abgetropfte Makrele in einen Standmixer geben. Bei laufendem Motor das Olivenöl einträufeln lassen (oder das abgetropfte Olivenöl aus der Dose verwenden), alles zu einer streichfähigen, dickflüssigen und homogenen Creme verarbeiten und beiseitestellen.

Das Eigelb und den Essig in einer mittelgroßen Schüssel mit einem Handmixer oder Pürierstab kurz verquirlen, um das Eigelb zu öffnen. Dann auf hoher Stufe pürieren, dabei das Pflanzenöl langsam und gleichmäßig in die Mischung einlaufen lassen – dies sollte etwa 1 Minute in Anspruch nehmen. Die Mischung wird nach und nach eindicken und zu einer Mayonnaise werden. Nach Geschmack das Meersalz zugeben.

In einer zweiten Schüssel zu gleichen Teilen Mayonnaise und Makrelencreme verrühren (von der Mayonnaise wird etwas übrig bleiben).

Etwas Salat auf jeden Crostino häufen und darauf dann 1 TL Makrelencreme und einige Kapern geben. Nach Belieben mit frisch gemahlenem schwarzem Pfeffer würzen und servieren.

ERGIBT 12 CROSTINI

CROSTINI con BURRO, ACCIUGHE e MOZZARELLA

{ CROSTINI MIT BUTTER, SARDELLEN UND FRISCHEM MOZZARELLA }

1 STANGENBROT ODER 1 BAGUETTE,
IN 1 CM DICKE SCHEIBEN GESCHNITTEN

OLIVENÖL, ZUM BESTREICHEN

HOCHWERTIGE BUTTER

FRISCHER BÜFFELMOZZARELLA ODER FIOR
DI LATTE (SIEHE SEITE 18), IN SCHEIBEN
GESCHNITTEN

12 SARDELLEN VON BESTER QUALITÄT

Für einen wirklich authentischen Geschmack ist es bei diesen Crostini besonders wichtig, die besten Zutaten zu verwenden, die man finden kann. Spanische Sardellen sind im Allgemeinen von herausragender Qualität und die Butter sollte den vollen Milchfettgehalt haben und schön rahmig sein.

Die Brotscheiben mit etwas Olivenöl bestreichen und in eine heiße Grill-pfanne geben. Bei starker Hitze grillen, bis Grillstreifen zu sehen sind, dann wenden und von der anderen Seite grillen. Darauf achten, das Brot nicht zu verbrennen. Das Brot kann mehrere Stunden im Voraus gegrillt werden oder erst kurz vor dem Servieren. Diese Crostini sollten allerdings zimmerwarm serviert werden, damit die Butter nicht zerläuft.

Jedes Crostino dick mit Butter bestreichen, mit einer Scheibe frischem Mozzarella und einer Sardelle belegen und sofort servieren.

ERGIBT 12 CROSTINI

IL FRIGGITO
DI STRAD

{ FRITTIERTE HERZHAFTE SNACKS }

Polpettine di melanzane
Auberginen-Polpettine

Supplì al telefono con ragù
Suppli mit Fleischragù

Arancini con pomodoro e piselli
Arancini mit Tomaten und Erbsen

Coccoli fritti
Frittierte Teigkugeln

Mozzarella in carrozza
Frittiertes Mozzarella-Sandwich

Fiori di zucchini ripieni
Gefüllte Zucchiniblüten im Teigmantel

Crochette di patate
Kartoffelkroketten

Panzerotti
Frittierte Teigtaschen

Polpette di cicoria
Zichorien-Polpette

Frico
Kartoffel-Käse-Pfannkuchen

Scagliozzi
Polenta-Stäbchen

Zeppole con acciughe e olive
Zeppole mit Sardellen und Oliven

Panelle
Frittierte Kichererbsen-Fladen

Mozzarella fritta
Frittierte Mozzarella- Kugeln

Rings um den Quattro Canti in Palermo, dem großen Barockplatz der Stadt, erstrecken sich vier große, offene Märkte in alle Richtungen. Diese belebten historischen Märkte sind laut, bunt und strotzen nur so vor Ständen, an denen man frischsten Fisch, Fleisch und alles, was gerade an Obst und Gemüse zu haben ist, bekommt. Das warme Klima Siziliens bringt es mit sich, dass die Menschen viel Zeit im Freien verbringen. Man trifft alte Bekannte, spielt Karten und gönnt sich gern oft einen Snack auf die Hand, beispielsweise Arancini oder *frittole palermitane* (Reststücke von Kalbfleisch und Knorpel, die sonst nicht mehr verwendet würden, typisch für Palermo und bestes Beispiel für umfassende Resteverwertung). Hinter den Ständen am Markt warten große, mit Öl gefüllte Töpfe leise brodelnd darauf, dass ein Kunde beispielsweise panelle bestellt (Kicherbsenfladen). Das Beste daran, diese Panelle auf dem Markt zu kaufen, ist, dass man zuschauen kann, wie der *friggitore* sie ganz frisch zubereitet und geschickt im heißen Öl wendet, sodass sie außen knusprig werden, innen aber noch weich bleiben.

Der *friggitore*, genauer gesagt, *friggitore di strada*, ist auf das Frittieren bestimmter Lebensmittel spezialisiert, die offen an der Straße *(strada)* verkauft werden. Das Frittieren ist eine der beliebtesten Methoden zum Kochen im Freien, denn man braucht kaum mehr als eine Hitzequelle und einen Topf mit Öl (oder auch *strutto*, Schweineschmalz, wie es früher gängig war).

Frisch frittiert schmeckt alles noch einmal so gut und unter den Straßenhändlern Italiens findet man wahre Meister des Freiluft-Frittierens. Sie arbeiten heutzutage überall auf der italienischen Halbinsel, besonders verbreitet waren sie allerdings im Neapel des 19. Jahrhunderts und noch heute ist die *friggitoria* (auf frittierte Speisen spezialisierter Laden) eine feste Einrichtung der dortigen Streetfood-Kultur. Die Altstadt Neapels ist geprägt von vielen kleinen *friggitorie*, deren Verkaufstheken oft direkt am Spaccanapoli liegen – jener langen Straße, die Neapel sprichwörtlich zweiteilt. Dort werden nicht nur traditionelle frittierte Snacks verkauft wie *pizza fritta* (dazu wird der Pizzafladen über eine Füllung geklappt und dann frittiert) und *crocchè di patate* (Kartoffelkroketten mit Käse), sondern auch *frittatina di pasta* (gebratene Nudeln), eine ausgezeichnete Resteverwertung.

Immer wieder begegnet einem in Neapels *friggitorie* der Begriff *cuoppo* oder *cono*, Spitztüten aus Papier – die früher aus Strohzellstoff gemacht wurden – als Behälter für die frittierten Leckereien. Diese Tüten, ein praktischer Snack für unterwegs, gibt es lecker gefüllt als *cono mare* (mit Fisch, Meeresfrüchten usw.) oder *cono terra* (mit Kroketten, Gemüse usw.). Ein kleiner Bambusspieß hilft dabei, die Häppchen gut aus der Tüte zu fischen.

POLPETTINE di MELANZANE

{AUBERGINEN-POLPETTINE}

2 MITTELGROSSE AUBERGINEN

1 EI, LEICHT VERQUIRLT

40 G FRISCH GERIEBENER PARMESAN

40 G SEMMELBRÖSEL, PLUS ETWAS MEHR ZUM PANIEREN

10 MINZEBLÄTTER, FEIN GEHACKT

1 PRISE SALZ

TRAUBENKERN-, ERDNUSS- ODER SONNENBLUMENÖL, ZUM FRITTIEREN

Der Begriff polpetta *bezeichnet runde Fleischklößchen, die Verkleinerungsform* polpettine *meint somit noch kleinere Fleischbällchen. Im Italienischen kann man den Begriff zusätzlich jedoch auch ergänzen, um genauer zu sagen, woraus die Polpetta gemacht ist. Polpettine di melanzane wären somit Auberginen-Fleischklößchen, was allerdings nicht wirklich Sinn ergibt, da hier gar kein Fleisch verwendet wird! Auberginen-Polpette habe ich sowohl in einem Bacaro (einfaches Weinlokal) in Venedig gegessen als auch in Sizilien an einem Straßenstand. Die sizilianische Variante enthielt Minzeblätter, wie ich sie hier auch verwende. Mit diesem Gericht sollte man einen Tag im Voraus beginnen.*

Den Backofen auf 180 °C vorheizen.

Die Auberginen auf ein Backblech legen, einige Male mit einer Gabel einstechen und etwa 45 Minuten im heißen Ofen garen, bis sie sich auf Druck weich anfühlen. Leicht abkühlen lassen und dann längs halbieren. Das Fruchtfleisch mit einem Löffel herauskratzen und in ein feinmaschiges Sieb geben. Die Masse mit dem Löffelrücken andrücken, um so viel Flüssigkeit wie möglich aus dem gegarten Fruchtfleisch zu pressen. Das Sieb über eine Schüssel hängen und über Nacht zum Abtropfen in den Kühlschrank stellen.

Am nächsten Tag die Restflüssigkeit durch erneutes Pressen herausdrücken (es sollte etwa eine Menge von 250 g abgetropfter Aubergine übrig bleiben), dann fein hacken. Die Masse in einer großen Schüssel mit Ei, Parmesan, Semmelbröseln, Minzeblättern und Salz gründlich vermengen.

Mit angefeuchteten Händen aus der Masse Polpettine in der Größe eines Golfballs formen und diese behutsam in den zusätzlichen Semmelbröseln wenden. Sollte die Masse zerfallen, mehr Semmelbrösel zugeben und neu formen. In einem kleinen Topf oder einer Fritteuse ausreichend Öl auf 180 °C erhitzen. Die richtige Temperatur ist erreicht, wenn ein Brotwürfel darin innerhalb von 5 Sekunden goldgelb wird. Nun behutsam einige Polpettine in das Öl geben, ohne den Topf zu überfüllen, und unter regelmäßigem Wenden 4 Minuten goldgelb frittieren. Auf Küchenpapier abtropfen lassen und beiseitestellen, um die übrigen Polpettine fertigzustellen. (Man kann die Polpettine auch im Voraus frittieren und vor dem Verzehr in der Mikrowelle leicht erwärmen.) Warm als Antipasto servieren. Die Bällchen sind so saftig-lecker, dass man nichts zum Dippen braucht.

ERGIBT 14–16 POLPETTINE

SUPPLÌ al TELEFONO con RAGÙ

{ SUPPLÌ MIT FLEISCHRAGÙ }

110 G MOZZARELLA (FRISCHER ODER
GEREIFTER/SCHNITTFESTER) ODER
SCAMORZA (SIEHE SEITE 18–19)

1 EI (NUR FALLS BENÖTIGT)

TRAUBENKERN-, ERDNUSS- ODER
SONNENBLUMENÖL, ZUM FRITTIEREN

RISOTTO

500–750 ML RINDERBRÜHE (SEITE 260)
ODER EINE BELIEBIGE ANDERE BRÜHE,
PLUS GEGEBENENFALLS ETWAS MEHR

2 TL OLIVENÖL

2 TL BUTTER

1 KLEINE GELBE ODER WEISSE ZWIEBEL,
FEIN GEHACKT

200 G REIS, SORTE CARNAROLI ODER
ARBORIO

125 ML TROCKENER WEISSWEIN

150 G LIVIAS FLEISCHSAUCE (SEITE 265)
ODER EINE BELIEBIGE ANDERE PASTA-
SAUCE, AUFGEWÄRMT

40 G BUTTER

25 G FRISCH GERIEBENER PARMESAN

PANADE

WEIZENMEHL TYPE 550

2 EIER, MIT EINEM SCHUSS MILCH LEICHT
VERQUIRLT

HAUSGEMACHTE FRISCHE SEMMELBRÖSEL

Suppli al telefono nennt man in Rom längliche Reiskroketten, die in der Regel aus Reisresten zubereitet werden. Der Name bezieht sich auf den in den Kroketten schmelzenden Mozzarella, der beim Garen zerläuft und beim Hineinbeißen lange »Telefonkabel« bildet. Traditionell wird dieses Gericht zwar auf der Basis von einem Risotto mit Fleischsauce gemacht, kann aber ebenso gut mit einer beliebigen anderen Sauce zubereitet werden. Die Suppli gelingen am besten, wenn der Risotto schon am Vortag vorbereitet wird.

Für den Risotto die Brühe in einem mittelgroßen Topf zum Kochen bringen.

Das Olivenöl und die Butter in einem Topf mit schwerem Boden erhitzen und die Zwiebel darin unter gelegentlichem Rühren etwa 15 Minuten langsam garen. Die Zwiebel sollte glasig und weich werden, ohne sich zu verfärben. Dann den Reis zugeben und die Temperatur auf eine mittlere Stufe erhöhen. Den Reis 1–2 Minuten anrösten, dann den Wein angießen und unter Rühren verdunsten lassen. Die Hitzezufuhr auf eine mittlere Stufe reduzieren und eine Kelle Brühe zugießen. Weiterrühren, bis der Reis die Flüssigkeit aufgenommen hat, erst dann erneut Brühe zugeben. Auf diese Weise 10 Minuten fortfahren.

Die warme Pastasauce zugeben und gut unterrühren. Alles zusammen 2 Minuten erhitzen und dann mit Salz abschmecken. Der Reis sollte durchgegart, aber noch etwas fest sein. Falls erforderlich, nochmals Brühe angießen und weiter garen lassen.

Wenn der Reis die richtige Konsistenz hat, den Topf vom Herd nehmen und die Butter sowie den Parmesan unterrühren. In eine große Schüssel umfüllen und mit Frischhaltefolie abgedeckt über Nacht in den Kühlschrank stellen. Das Mehl, die Eimischung und die Semmelbrösel auf einzelne flache Schalen verteilen. Den Mozzarella in kleine Stäbchen (1 x 4 cm) schneiden.

Mit feuchten Händen eine kleine Handvoll Reis aufnehmen und eine kleine Mulde in die Mitte drücken. Ein Mozzarela-Stäbchen hineinlegen und mit dem Reis so umschließen, dass eine etwa 4 x 6 cm große Krokette mit einem Gewicht von etwa 55–60 g entsteht. Falls der Reis nicht zusammenhält, ein kleines Ei zur Reismischung geben, gut durchmischen und erneut versuchen.

»

SUPPLÌ al TELEFONO con RAGÙ

Die Supplì behutsam im Mehl wenden, dann in die Eimasse tunken und zum Schluss in den Semmelbröseln wenden. Anschließend ein zweites Mal in das Ei tunken und in den Semmelbröseln wenden. Dadurch werden die Supplì außen besonders knusprig und fallen beim Frittieren nicht so leicht auseinander.

Einen Topf mit schwerem Boden 5 cm hoch mit Öl füllen und auf 180 °C erhitzen (oder eine Fritteuse verwenden). Die richtige Temperatur ist erreicht, wenn ein Brotwürfel darin innerhalb von 5 Sekunden goldgelb wird. Die Supplì portionsweise 5–6 Minuten frittieren, dabei regelmäßig wenden, damit sie gleichmäßig garen. Auf Küchenpapier abtropfen lassen und die übrigen Supplì ebenso zubereiten. Ein paar Minuten abkühlen lassen und warm servieren.

ERGIBT 12–14 SUPPLÌ

ARANCINI con POMODORO e PISELLI

{ ARANCINI MIT TOMATEN UND ERBSEN }

1/2 REZEPT TOMATEN-ERBSEN-SAUCE
(SEITE 262) ODER LIVIAS FLEISCHSAUCE
(SEITE 265) FÜR DIE FÜLLUNG

1 EI (NUR FALLS BENÖTIGT)

TRAUBENKERN-, ERDNUSS- ODER
SONNENBLUMENÖL, ZUM FRITTIEREN

RISOTTO

500–750 ML RINDERBRÜHE (SEITE 265)
ODER EINE BELIEBIGE ANDERE BRÜHE,
PLUS GEGEBENENFALLS ETWAS MEHR

2 TL OLIVENÖL

2 TL BUTTER

1 KLEINE GELBE ODER WEISSE ZWIEBEL,
FEIN GEHACKT

200 G REIS, SORTE CARNAROLI ODER
ARBORIO

125 ML TROCKENER WEISSWEIN

1 PRISE SAFRAN

40 G BUTTER

25 G FRISCH GERIEBENER PARMESAN

PANADE

WEIZENMEHL TYPE 550

2 EIER, MIT EINEM SCHUSS MILCH LEICHT
VERQUIRLT

HAUSGEMACHTE FRISCHE SEMMELBRÖSEL

Arancini stammen ursprünglich aus Sizilien, sind aber auch vor allem in Kalabrien und Kampanien weit verbreitet. Sie sind größer als Supplì, ihre römischen Verwandten, und entweder rund oder kegelförmig. Außerdem wird der Reis oft mit Safran zubereitet, der für die typische gelbliche Färbung sorgt. Für Arancini gibt man mit einem Löffel eine Ragù-Sauce in die Mitte einer Reiskugel, wobei die Sauce hier nicht mit dem Reis verrührt wird (wie bei Supplì), daher müssen die Portionen recht groß sein. Traditionell besteht die Sauce aus Fleisch-Ragù und Erbsen, schneller und ebenso lecker wird es aber mit einer Sauce aus hochwertiger Salsiccia, einer Wurst aus Schweinefleisch, und Erbsen oder als vegetarische Variante mit einer dicken Tomaten-Erbsen-Sauce. Der Risotto sollte einen Tag im Voraus zubereitet werden.

Für den Risotto die Brühe in einem mittelgroßen Topf zum Kochen bringen.

Das Olivenöl und die Butter bei niedriger Temperatur in einem Topf mit schwerem Boden erhitzen und die Zwiebel darin unter gelegentlichem Rühren etwa 15 Minuten langsam garen. Die Zwiebel sollte glasig und weich werden, ohne sich zu verfärben. Dann den Reis zugeben und die Temperatur auf eine mittlere Stufe erhöhen. Den Reis 1–2 Minuten anrösten, dann den Wein angießen und unter Rühren verdunsten lassen. Die Hitzezufuhr auf eine mittlere Stufe reduzieren und eine Kelle Brühe sowie den Safran zugeben. Weiterrühren, bis der Reis die Flüssigkeit aufgenommen hat, erst dann erneut Brühe zugeben. Auf diese Weise 12 Minuten fortfahren. Den Reis kosten und mit Salz abschmecken – er sollte durchgegart, aber noch etwas fest sein. Falls erforderlich, nochmals Brühe angießen und weiter garen lassen.

Wenn der Reis die richtige Konsistenz hat, den Topf vom Herd nehmen und die Butter sowie den Parmesan unterrühren. In eine große Schüssel umfüllen und abkühlen lassen. Mit Frischhaltefolie abgedeckt über Nacht in den Kühlschrank stellen. Das Mehl, die Eimischung und die Semmelbrösel auf einzelne flache Schalen verteilen. Mit feuchten Händen eine kleine Handvoll Reis aufnehmen und eine kleine Mulde in die Mitte drücken. 1 TL der gewählten Sauce in die Mitte geben und mit etwas mehr Reis einschließen. Falls der Reis nicht zusammenhält, ein kleines Ei zur Reismischung geben, gut durchmischen und erneut versuchen. Die Arancini sollten einen Durchmesser von etwa 5 cm haben und etwa 55 g schwer sein. Den restlichen Reis ebenso verarbeiten (von der Sauce wird etwas übrig bleiben).

»

ARANCINI con POMODORO e PISELLI

Die Arancini behutsam im Mehl wenden, dann durch die Eimasse ziehen und zum Schluss in den Semmelbröseln wenden. Anschließend ein zweites Mal durch das Ei ziehen und in den Semmelbröseln wenden. Dadurch werden die Arancini außen besonders knusprig und sie fallen beim Frittieren nicht so leicht auseinander. Einen Topf mit schwerem Boden 5 cm hoch mit Öl füllen und auf 180 °C erhitzen (oder eine Fritteuse verwenden). Die richtige Temperatur ist erreicht, wenn ein Brotwürfel darin innerhalb von 5 Sekunden goldgelb wird. Die Arancini portionsweise 5–6 Minuten frittieren, dabei regelmäßig wenden, damit sie gleichmäßig garen. Auf Küchenpapier abtropfen lassen und die übrigen Arancini ebenso zubereiten. Ein paar Minuten abkühlen lassen und warm servieren.

Eine alternative, wenn auch weniger traditionelle Methode ist es, die Arancini bei 200 °C im Backofen in 25–30 Minuten goldgelb zu backen.

ERGIBT 10 ARANCINI

COCCOLI FRITTI

{ FRITTIERTE TEIGKUGELN }

250 G WEIZENMEHL TYPE 550, PLUS ETWAS ZUSÄTZLICH ZUM BESTÄUBEN

8 G TROCKENHEFE

150 G LAUWARMES WASSER

½ TL SALZ

TRAUBENKERN-, ERDNUSS- ODER SONNENBLUMENÖL, ZUM FRITTIEREN

MEERSALZ, ZUM BESTREUEN

100 G FRISCHER STRACCHINO-KÄSE (ERSATZWEISE EIN MILDER BRIE ODER EIN ANDERER WEICHKÄSE WIE TALEGGIO), IN MUNDGERECHTE STÜCKE ZERKLEINERT

16 KLEINE SCHEIBEN PARMASCHINKEN *(PROSCIUTTO CRUDO)*

Coccoli, kleine Kugeln aus frittiertem Brotteig, habe ich zum ersten Mal in Florenz in einer kleinen Bude gegessen. Wir bestellten eine kleine Platte mit ein paar vuoti (leer, ungefüllt), ein paar ripieni (gefüllt) und dazu einige Gläser Wein. Dann fragten meine Begleiter nach, ob die vuoti mit etwas stracchino (einem rahmig-milden italienischen Frischkäse aus Kuhmilch, auch als crescenza bekannt) gefüllt und dann von Prosciutto umhüllt werden könnten. Das macht aus den einfachen Coccoli etwas ganz Besonderes. Coccoli schmecken am besten warm, ganz frisch aus dem Topf, und möglichst begleitet von einem Glas Rotwein.

Das Mehl mit der Hefe in einer großen Schüssel verrühren. Das Wasser zugießen und mit einem Holzlöffel unterrühren, dann das Salz zugeben. Den Teig mit den Händen einige Minuten durchkneten, bis er gut bindet. Dann auf einer leicht bemehlten Unterlage kneten, bis er sich rundum glatt anfühlt. Den Teig in eine saubere Schüssel legen und mit Frischhaltefolie abgedeckt an einem vor Zugluft geschützten Platz etwa 1 Stunde gehen lassen, bis er sich im Volumen verdoppelt hat.

Den Teig vierteln, jedes Viertel erneut in vier Teile teilen und daraus kleine Kugeln formen. Diese mit einem sauberen Geschirrtuch abdecken, um sie vor dem Austrocknen zu schützen.

In einem kleinen Topf oder einer Fritteuse ausreichend Öl auf 170 °C erhitzen. Ein kleines Stück Teig in das Öl fallen lassen. Wenn sich ringsherum Bläschen bilden und man ein Zischen wahrnimmt, ist das Öl heiß genug. Die Coccoli portionsweise und unter häufigem Wenden 3–4 Minuten goldgelb frittieren. Beim ersten Durchgang einen der Coccoli auseinanderziehen, um zu prüfen, ob er durchgegart ist, und wenn nötig die Hitzezufuhr anpassen. Auf Küchenpapier abtropfen lassen und mit Meersalz bestreuen.

Die noch warmen Coccoli aufschneiden, etwas Stracchino hineingeben und das Ganze mit einer Scheibe Prosciutto umwickeln. Sofort servieren.

ERGIBT ETWA 16 COCCOLI

MOZZARELLA in CARROZZA

{FRITTIERTES MOZZARELLA-SANDWICH}

1 KUGEL FIOR DI LATTE (KUHMILCH-MOZZARELLA, SIEHE SEITE 18), IN 5 MM DICKE SCHEIBEN GESCHNITTEN UND 10 MINUTEN ABGETROPFT

8 SCHEIBEN WEISSBROT (TOASTBROT), OHNE KRUSTE UND IN DREIECKE HALBIERT

8 SARDELLENFILETS, ABGETROPFT UND GROB GEHACKT (OPTIONAL)

WEIZENMEHL TYPE 550

2 GROSSE EIER, MIT EINEM SCHUSS MILCH LEICHT VERQUIRLT

TRAUBENKERN-, ERDNUSS- ODER SONNENBLUMENÖL, ZUM FRITTIEREN

FLOCKIGES MEERSALZ (Z. B. FLEUR DE SEL)

Immer wenn ich den Ausdruck »Mozzarella in Carrozza« höre, habe ich Kartenspiele und geselliges Beisammensein mit Freunden vor Augen. Dies ist sicher kein Snack für jeden Tag, aber ein in der süditalienischen Region Kampanien sehr beliebter. Weiche Brotscheiben ohne Kruste werden mit Mozzarella gefüllt, in Ei gewendet und dann frittiert. Ich gebe für einen Extrakick Salz gern gehackte Sardellenfilets in die Mitte. In Kampanien wird gern frischer Büffelmozzarella verwendet, den ich jedoch zu feucht finde. Ich verwende lieber Fior di latte, der aus Kuhmilch gemacht wird und daher etwas trockener ist.

Die Käsescheiben so zurechtschneiden, dass ein 5 mm breiter Rand auf den Brotdreiecken frei bleibt. Jeweils ein Brotdreieck mit einer Scheibe Käse belegen und (wenn verwendet) ein Sardellenfilet darauflegen. Dann ein zweites Brotdreieck daraufgeben und alles zusammendrücken.

Etwas kaltes Wasser in eine flache Schale füllen und etwas Mehl auf einen Teller geben. Das Brotdreieck mit den Kanten kurz in das Wasser und anschließend in das Mehl tunken. Mehl und Wasser bilden dabei eine Art Kleber, der die Dreiecke am Rand versiegelt. Zum Abdichten dann rundum gut zusammendrücken. So fortfahren, bis Brot, Käse und Sardellenfilets aufgebraucht sind.

Das verquirlte Ei auf zwei große, flache Schalen aufteilen. Die Dreiecke in die Eimasse legen und wenden, sodass sie rundum gut überzogen sind. Einige Minuten darin liegen lassen, damit sie gut vom Brot aufgesogen wird. Vor dem Herausnehmen prüfen, ob die Ränder noch gut verschlossen sind. Einen großen Topf 1 cm hoch mit Öl füllen und auf mittlerer Stufe erhitzen. Die Sandwiches portionsweise in das Öl geben und in etwa 2 Minuten von einer Seite goldgelb braten, dann wenden und von der anderen Seite ebenfalls braten, bis der Käse geschmolzen ist. Auf Küchenpapier abtropfen lassen, mit Meersalz bestreuen und warm servieren.

ERGIBT 4 PORTIONEN

FIORI di ZUCCHINI RIPIENI

{ GEFÜLLTE ZUCCHINIBLÜTEN IM TEIGMANTEL }

24 ZUCCHINIBLÜTEN, MIT STIEL

TEIG

150 G WEIZENMEHL TYPE 550

185 ML LAUWARMES WASSER

½ TL SALZ

1 EI

TRAUBENKERN-, ERDNUSS- ODER SONNENBLUMENÖL, ZUM BRATEN

FÜLLUNG

100 G RICOTTA (SIEHE SEITE 18)

1 KLEINES EI

20 G FRISCH GERIEBENER PARMESAN

1 KNAPPER EL FEIN GEHACKTE MINZEBLÄTTER

Zarte Zucchiniblüten lassen nicht gleich an typisches Streetfood denken, und doch habe ich sie in Neapel auf einem Markt gegessen. Sie waren gefüllt und von Teig umhüllt frisch ausgebacken, wodurch sie schön handlich werden. Männliche Blüten ohne Zucchiniansatz zu finden, ist nicht immer einfach – versuchen Sie es auf dem Wochenmarkt oder bei einem freundlichen Nachbarn mit Gemüsegarten. Ricotta ist als Füllung ideal und die frische Minze sorgt für einen feinen, erfrischenden Geschmack.

Für den Teig Mehl, Wasser und Salz in einer großen Schüssel glatt verrühren und 1 Stunde ruhen lassen.

Für die Füllung den Ricotta mit dem Ei glatt verquirlen, dann den Parmesan und die Minzeblätter unterziehen.

Die Blüten behutsam in Wasser waschen, zum Trocknen leicht schütteln und jede Blüte knapp oberhalb des Bodens einschneiden. Die Blütenstempel im Inneren abknipsen und jeweils 1 TL Füllung hineingeben (je nach Größe auch weniger, nicht überfüllen). Die Enden verdrehen und darauf achten, dass der Schnitt gut bedeckt ist.

Das Ei zum Teig geben und gut unterquirlen. Er wird recht dickflüssig sein.

Eine weite, beschichtete Pfanne 1 cm hoch mit Öl füllen und auf mittlerer Stufe erhitzen.

Die Blüten durch den vorbereiteten Teig ziehen und überschüssigen Teig anschließend durch leichtes Schütteln abtropfen lassen. Dann portionsweise im Öl ausbacken, dabei alle paar Minuten wenden – die Blüten sollten goldgelb werden. Auf Küchenpapier abtropfen lassen und warm als Antipasto servieren.

FÜR 4 BIS 6 PORTIONEN

CROCHETTE di PATATE

{ KARTOFFELKROKETTEN }

500 G KARTOFFELN, MEHLIGKOCHENDE SORTE, BEISPIELSWEISE DESIRÉE

1 KLEINE HANDVOLL PETERSILIENBLÄTTER, FEIN GEHACKT

100 G FRISCH GERIEBENER PARMESAN

150 G MOZZARELLA (FRISCHER ODER GEREIFTER) ODER SCAMORZA (SIEHE SEITE 18–19), IN KLEINE STÄBCHEN GESCHNITTEN (OPTIONAL)

2 EIER

2 TL MILCH

TRAUBENKERN-, ERDNUSS- ODER SONNENBLUMENÖL, ZUM FRITTIEREN

PANADE

WEIZENMEHL TYPE 550

1 EI, MIT EINEM SCHUSS MILCH LEICHT VERQUIRLT

HAUSGEMACHTE FRISCHE SEMMELBRÖSEL

Kartoffelkroketten sind ein typisches Gericht aus der Frittierküche, denn mit nur einer Hauptzutat und ein paar frischen Kräutern sind sie einfach und preiswert herzustellen. Wichtig ist hierbei, mehligkochende Kartoffeln zu verwenden, damit sie gut zusammenhalten und beim Garen nicht auseinanderfallen. Ich mag die Kombination aus Parmesan und Petersilie, aber auch Minze ist fein. Sie können auch etwas Mozzarella oder Scamorza in die Mitte geben, das ist zwar nicht ganz so traditionell, sorgt aber für das gewisse Etwas. Warm serviert sind sie besonders gut – Sie können davon ausgehen, dass die Kinder (und die Erwachsenen ebenso) sie schneller verschlingen, als Sie für Nachschub sorgen können.

Die ganzen, ungeschälten Kartoffeln in einen Topf mit kaltem Wasser geben und bei geschlossenem Deckel etwa 30 Minuten garen, bis sie sich leicht mit einer Gabel einstechen lassen. Abgießen, pellen und durch die Kartoffel- presse drücken. Zum Abkühlen beiseitestellen. Die abgekühlten Kartoffeln mit der Petersilie und dem Parmesan in eine große Schüssel geben. Nach Geschmack Salz und Pfeffer dazugeben und alles mit den Händen gut mischen. Eine kleine Handvoll der Kartoffelmasse zu einer etwa 5–6 cm langen Krokette formen. Wenn verwendet, ein Mozzarella-Stäbchen in die Mitte drücken und mit der Kartoffelmasse umschließen. Mit der restlichen Masse ebenso verfahren – insgesamt sollten es etwa 14 Kroketten werden.

Das Mehl, die Eimischung und die Semmelbrösel auf drei einzelne flache Schalen verteilen. Die Kroketten im Mehl wenden, in das Ei tunken und dann über die Semmelbrösel rollen, sodass die Kroketten rundum gleichmäßig paniert sind. Für eine dickere, noch knusprigere Kruste können die Kroketten bis zu drei Mal in Ei getunkt und in Semmelbröseln gewendet werden. Einen Topf mit schwerem Boden 4–5 cm hoch mit Öl füllen und auf 180 °C erhitzen (oder eine Fritteuse verwenden). Die richtige Temperatur ist erreicht, wenn ein Brotwürfel darin innerhalb von 5 Sekunden goldgelb wird. Die Kroketten portionsweise in 3–4 Minuten goldgelb frittieren und zwischendurch immer wieder wenden. Auf Papier abtropfen lassen und die übrigen Kroketten ebenso zubereiten. Einige Minuten abkühlen lassen und anschließend warm als sättigenden Appetizer servieren.

ERGIBT ETWA 14 CROCHETTE

PANZEROTTI

{ FRITTIERTE TEIGTASCHEN }

TRAUBENKERN-, ERDNUSS- ODER SONNENBLUMENÖL, ZUM FRITTIEREN

TEIG

250 G WEIZENMEHL TYPE 405, PLUS ETWAS ZUSÄTZLICH ZUM BESTÄUBEN

250 G HARTWEIZENGRIESS

5 G TROCKENHEFE

250 ML LAUWARMES WASSER

3 EL NATIVES OLIVENÖL EXTRA

2 TL MILCH

1 TL SALZ

FÜLLUNG

800 G STÜCKIGE TOMATEN (DOSE), GUT ABGETROPFT

1 EL NATIVES OLIVENÖL EXTRA

1/2 TL GETROCKNETER OREGANO

350 G MOZZARELLA (SCHNITTFEST) ODER SCAMORZA (SIEHE SEITE 18–19), GEWÜRFELT

Panzerotti sind gefüllte Brottaschen und ein gängiger Snack in Apulien. Sie machen richtig süchtig. Einer der besten Orte in Bari für Panzerotti ist Il Focacciaro di Pino Ambruoso. Ich war einmal mitten im Winter dort, und doch war der Laden zum Bersten voll mit Menschen, die darauf warteten, dass die nächste Portion Panzerotti fertig wurde.

Für den Teig das Mehl, den Hartweizengrieß und die Hefe in einer großen Schüssel kurz verrühren. Diese Mischung auf eine saubere Arbeitsfläche häufen und in die Mitte eine Mulde drücken. Wasser, Öl und Milch in einer Kanne mischen, dann etwa die Hälfte davon in die Mulde gießen. Mit einer Gabel oder mit den Fingern die trockenen Zutaten nach und nach in die Flüssigkeit einarbeiten. Langsam die restliche Flüssigkeit zugeben und weiter die Zutaten verkneten, bis sich eine elastische, glatte Teigkugel bildet. Das Salz darüberstreuen und den Teig einige Minuten weiterkneten. In eine große Schüssel geben und mit Frischhaltefolie abgedeckt an einem warmen, vor Zugluft geschützten Ort mindestens 1 Stunde gehen lassen, bis der Teig sich im Volumen verdoppelt hat.

Vom Teig 40 g schwere Kugeln abtrennen und auf ein bemehltes Backblech legen. Mit Frischhaltefolie oder einem sauberen Geschirrtuch abdecken und nochmals 30 Minuten gehen lassen.

In der Zwischenzeit für die Füllung in einer Schüssel die abgetropften, stückigen Tomaten mit dem Olivenöl, dem getrockneten Oregano und einer kräftigen Prise Salz verrühren.

Auf einer gut bemehlten Arbeitsfläche die Kugeln nacheinander zu einem 13–14 cm großen Fladen ausrollen. 2 TL der Tomatenmischung in die Mitte geben und darauf 2 gehäufte TL Käse geben. Den Teig über die Mitte zu einem Halbkreis zusammenlegen und am Rand fest zusammendrücken. Den Teigrand leicht gekräuselt nach oben legen, sodass sich ein Bogen bildet. Auf ein leicht bemehltes Backblech oder Backpapier legen und mit einem sauberen Geschirrtuch abdecken. Mit dem restlichen Teig und der übrigen Füllung ebenso verfahren.

Einen Topf mit schwerem Boden 5 cm hoch mit Öl füllen und auf 180 °C erhitzen (oder eine Fritteuse verwenden). Die richtige Temperatur ist erreicht, wenn ein Brotwürfel darin innerhalb von 5 Sekunden goldgelb wird. Je nach Größe des Topfes jeweils 1–2 Panzerotti etwa 4 Minuten frittieren, bis sie rundum goldbraun sind. Einmal wenden. Sie werden sich beim Garen leicht aufblähen. Herausnehmen und auf Küchenpapier abtropfen lassen und die übrigen Panzerotti ebenso zubereiten. Warm servieren.

POLPETTE di CICORIA

{ ZICHORIEN-POLPETTE }

1 GROSSES BUND ZICHORIENBLÄTTER (ETWA 450 G)

450 G KARTOFFELN, MEHLIGKOCHENDE SORTE

50 G BROT OHNE KRUSTE

125 ML MILCH

1 KNOBLAUCHZEHE, ANGEDRÜCKT

60 G FRISCH GERIEBENER PARMESAN

1 HANDVOLL PETERSILIENBLÄTTER, FEIN GEHACKT

2 EIER

½ TL SALZ

½ FRISCH GEMAHLENER PFEFFER

1 PRISE FRISCH GERIEBENE MUSKATNUSS

HAUSGEMACHTE FRISCHE SEMMELBRÖSEL, ZUM PANIEREN

OLIVENÖL, ZUM BRATEN

EINFACHE TOMATENSAUCE (SEITE 261), ZUM ANRICHTEN

Die Cicoria, im Deutschen auch Gewöhnliche Wegwarte oder Zichorie genannt, ist unter den eher bitteren Gemüsesorten mein absoluter Favorit. Die zarten, jungen Blätter sind wunderbar im Salat, je älter sie allerdings werden, desto bitterer sind sie und werden dann besser gegart und mit anderen Zutaten gemischt. Diese Polpette habe ich auf dem Mercato di Testaccio in Rom kennengelernt und war begeistert, aus Zichorie einen handlichen Snack für unterwegs machen zu können. Dieses Rezept funktioniert ebenso gut mit Spinat, wobei dann natürlich der bittere Kick fehlt.

Von der Zichorie die beschädigten Stellen und die Stielenden abschneiden und die Blätter abspülen. In einem großen Topf reichlich Wasser zum Kochen bringen, die Zichorie hineingeben und wieder aufkochen lassen. Dann sofort abgießen und zum Abkühlen beiseitestellen. Die Zichorie fein hacken (sie hält sich, wenn nötig, gut zugedeckt im Kühlschrank mehrere Tage).

Die ganzen, ungeschälten Kartoffeln in einen Topf mit kaltem Wasser geben und zum Kochen bringen. Etwa 30 Minuten garen, bis sie sich leicht mit einer Gabel einstechen lassen. Abgießen, pellen und zerdrücken oder durch eine Kartoffelpresse drücken (es werden etwa 350 g Kartoffelmus benötigt). Zum Abkühlen beiseitestellen.

Das Brot einige Minuten in der Milch einweichen, dann ausdrücken und in kleine Stücke zupfen.

Die Zichorie in einer großen Schüssel mit Kartoffelpüree, Brot, Knoblauch, Parmesan, Petersilie, Eiern, Salz, Pfeffer und Muskatnuss mit einem Holzlöffel verrühren und anschließend mit den Händen vermengen, wenn nötig.

Mit angefeuchteten Händen aus der Mischung 30 g schwere Polpette formen. Leicht flach drücken und in den Semmelbröseln wenden. (Die Polpette können bis zu 12 Stunden im Voraus zubereitet werden und mit Frischhaltefolie abgedeckt im Kühlschrank aufbewahrt werden.)

In einer beschichteten Pfanne bei mittlerer Temperatur einen Schuss Olivenöl erhitzen (gerade so viel, dass der Pfannenboden bedeckt ist). Die Polpette unter regelmäßigem Wenden portionsweise braten, bis sie goldgelb und durchgegart sind. Nach jeder Portion die Pfanne auswischen, damit keine Brösel verbleiben, und wieder Öl zugeben. Die Polpette auf Küchenpapier abtropfen lassen und warm oder bei Zimmertemperatur mit der einfachen Tomatensauce servieren.

ERGIBT ETWA 25 POLPETTE

FRICO

{ KARTOFFEL-KÄSE-PFANNKUCHEN }

2 TL OLIVENÖL

½ ZWIEBEL (ETWA 100 G), IN FEINE RINGE GESCHNITTEN

2 KLEINE KARTOFFELN (ETWA 200 G), GESCHÄLT UND FEIN GEWÜRFELT ODER GROB GERASPELT

150 G MONTASIO-KÄSE, GERIEBEN

Frico erinnert ein wenig an eine käsige Kartoffeltortilla, nur ohne Eier. Das Gericht ist typisch für das Friaul, eine bergige Region im Nordosten Italiens. Traditionell wird Frico mit Montasio gemacht, einem Hartkäse aus Kuhmilch, den man in den Regionen Friaul-Julisch Venetien und Venetien findet. Falls Sie Montasio nicht auftreiben können, fragen Sie nach den Sorten Piave, Asiago (halbreif) oder Latteria. Frico kann gut als eigenständiges Gericht gegessen werden, mit einem Glas Rotwein dazu, oder auch mit Polenta als Beilage. Sie benötigen für die Zubereitung dieses Gerichts eine kleine, beschichtete Pfanne mit Deckel.

Das Öl in einem Stieltopf auf niedriger Stufe erhitzen und die Zwiebeln sowie die Kartoffeln darin unter gelegentlichem Rühren etwa 20 Minuten garen, bis die Kartoffeln weich sind und die Zwiebeln Farbe annehmen. Den Käse dazugeben und unter langsamem Rühren schmelzen lassen. Den Topf vom Herd nehmen und die Masse in einer kleinen, beschichteten Pfanne leicht flach drücken, sodass sie an einen dicken Pfannkuchen erinnert.

Die Pfanne etwa 10 Minuten auf niedriger Stufe auf den Herd stellen, bis die Unterseite des »Pfannkuchens« braun und knusprig wird. Mithilfe eines großen Tellers den Frico wenden und dann zurück in die Pfanne gleiten lassen. Nochmals 10 Minuten backen, bis die Unterseite knusprig ist. Auf den Teller geben und leicht abkühlen lassen. Dann in Stücke teilen und warm servieren.

FÜR 4 PORTIONEN ALS VORSPEISE

SCAGLIOZZI

{ POLENTA-FRITTEN }

15 G BUTTER

1 TL SALZ

REICHLICH FRISCH GEMAHLENER
SCHWARZER PFEFFER

180 G INSTANT-POLENTA (MAISGRIESS)

FLOCKIGES MEERSALZ (Z. B. FLEUR
DE SEL)

KNOBLAUCHMAYONNAISE (SEITE 257),
ZUM ANRICHTEN (OPTIONAL)

Viele Gerichte der italienischen Streetfood-Küche entstanden aus der Notwendigkeit heraus, Reste zu kombinieren und bestmöglich zu verwerten, und dies ist ein gutes Beispiel dafür. Scagliozzi (sprich skal-jot-si) – frittierte Polenta-Stücke – findet man vorwiegend im Süden Italiens, etwa in Bari und Neapel. Heute bekommt man diese »Polenta-Chips« oder »Polenta-Fritten« zubereitet mit Brühe, Kräutern und sonstigen Gewürzen auch in Restaurants, hier jedoch lernen Sie die einfache Version kennen, wie sie in Neapel gängig ist, mit viel schwarzem Pfeffer. Sie können sie im Ofen backen (was gleichzeitig gesünder ist) und, auch wenn dies nicht traditionell ist, mit einer Knoblauchmayonnaise (Seite 257) zum Dippen servieren.

Ein großes Backblech mit Backpapier auslegen.

700 ml Wasser in einem mittelgroßen Topf zum Kochen bringen, dann die Temperatur auf den Siedepunkt reduzieren. Butter, Salz und Pfeffer zugeben und unter Rühren auflösen. Wenn das Wasser wieder den Siedepunkt erreicht, das Polenta-Mehl langsam und gleichmäßig unter ständigem Rühren einrieseln lassen. 3–4 Minuten weiterrühren, bis die Polenta dickflüssig ist und sich nicht mehr gut rühren lässt.

Die Polenta auf das mit Backpapier ausgekleidete Backblech gießen und 1 cm dick ausstreichen. (Sie können Backpapier darüberlegen und die Polenta mit einer Teigrolle flacher ausrollen, wenn nötig.) Die Polenta nun mindestens 12 Stunden beiseitestellen und fest werden lassen (es können auch ein paar Tage sein). Die Polenta kann im Kühlschrank aufbewahrt werden, aber dies ist nur notwendig, wenn es wirklich warm ist.

Den Backofen auf 210 °C vorheizen. Ein Backblech mit Backpapier auslegen.

Die kalte Polenta in 1 x 8 cm große Stäbchen schneiden und auf das Backblech legen. Mit etwas Olivenöl beträufeln und etwa 30 Minuten goldgelb backen. Nach 20 Minuten nachschauen, sie sollten nicht zu knusprig werden.

Mit flockigem Meersalz bestreut warm essen und nach Belieben Knoblauchmayonnaise zum Dippen dazu reichen.

FÜR 4 PORTIONEN ALS BEILAGE

ZEPPOLE con ACCIUGHE e OLIVE

{ ZEPPOLE MIT SARDELLEN UND OLIVEN }

250 G MITTELGROSSE, MEHLIGKOCHENDE
KARTOFFELN, Z. B. DESIRÉE

200 G WEIZENMEHL TYPE 550

2 EL NATIVES OLIVENÖL EXTRA

3 G TROCKENHEFE

½ TL SALZ

6 SARDELLENFILETS

6 GROSSE GRÜNE OLIVEN, ENTSTEINT

TRAUBENKERN-, ERDNUSS- ODER
SONNENBLUMENÖL, ZUM FRITTIEREN

Die hier vorgestellten Zeppole sind in Kalabrien eine weihnachtliche Tradition, aber sie sind so lecker, dass man sie eigentlich immer essen kann. Die Kartoffeln im Teig sorgen dafür, dass die Zeppole schön saftig weich werden und ziemlich süchtig machen. Sie werden gefüllt mit einem Sardellenfilet oder einer grünen Olive, gut schmeckt aber auch ein fester Käse (wie Provolone), nduja (eine streichfähige, unglaublich leckere Salami aus Kalabrien) oder gewürfelte Mortadella.

Die ganzen, ungeschälten Kartoffeln in einen Topf mit kaltem Wasser geben und zum Kochen bringen. Etwa 30 Minuten garen, bis sie sich leicht mit einer Gabel einstechen lassen. Abgießen, pellen und zerdrücken oder durch eine Kartoffel-presse drücken (es werden etwa 200 g Kartoffelmus benötigt). Warm halten.

Das Mehl auf eine saubere Arbeitsfläche häufen und in die Mitte eine Mulde drücken. Den noch warmen Kartoffelbrei in die Mitte geben, das Öl und die Hefe zugeben und mit den Händen alles zu einem glatten Teig verarbeiten. 5 Minuten kneten, dann das Salz zugeben und nochmals 5 Minuten durch-kneten. Der Teig sollte glatt und elastisch sein. Den Teig in einer leicht geölten und mit Frischhaltefolie abgedeckten Schüssel an einem vor Zugluft geschützten Ort etwa 2 Stunden gehen lassen, bis er sich im Volumen verdoppelt hat.

Den Teig in 12 gleich große Teile aufteilen. Jeweils ein Stück Teig zu einer Kugel rollen, dann mit der Handfläche leicht flach drücken und in die Mitte eine kleine Vertiefung eindrücken. Ein Sardellenfilet oder eine Olive in die Ver-tiefung legen, den Teig darüber verschließen und dann zu einer Kugel rollen. Den restlichen Teig ebenso verarbeiten, dabei zwischen Oliven und Sardellen abwechseln. Mit einem sauberen Geschirrtuch abgedeckt an einem warmen Ort 2 Stunden ruhen lassen.

Einen Topf mit schwerem Boden 4–5 cm hoch mit Öl füllen und auf 180 °C erhitzen (oder eine Fritteuse verwenden). Die richtige Temperatur ist erreicht, wenn ein Brotwürfel darin innerhalb von 5 Sekunden goldgelb wird. Jeweils 2–4 Zeppole gleichzeitig (je nach Größe des Topfs) goldbraun frittieren. Dabei regelmäßig wenden, damit sie gleichmäßig garen. Auf Küchenpapier abtropfen lassen und die übrigen Zeppole ebenso zubereiten. Noch heiß als sättigenden Appetizer essen.

ERGIBT 12 ZEPPOLE

PANELLE

{ FRITTIERTE KICHERERBSEN-FLADEN }

250 G KICHERERBSENMEHL

2–3 EL FEIN GEHACKTE GLATTE PETERSILIE

TRAUBENKERN-, ERDNUSS- ODER
SONNENBLUMENÖL, ZUM FRITTIEREN

ZITRONENSPALTEN, ZUM ANRICHTEN

Panelle sind angeblich ein Erbe der arabischen Herrschaft über Sizilien und noch heute in Palermo ein sehr beliebtes Streetfood. Sie werden aus Kichererbsenmehl gemacht, das zuerst in Wasser gegart wird, ähnlich wie Polenta, und werden dann geformt und frittiert. Panelle mit einem Spritzer Zitronensaft sind eine tolle kleine Vorspeise und ideal für Leute mit Glutenunverträglichkeit. Wenn man es aber wie die Einheimischen machen möchte, dann isst man sie kräftig gesalzen noch warm in einem hellen, weichen Brötchen.

Das Kichererbsenmehl in eine Schüssel geben und kräftig durchrühren, bis keine Klumpen mehr vorhanden sind. Langsam 750 ml Wasser unter Rühren dazugeben, damit ein glatter, klumpenfreier Teig entsteht. Mit Salz und Pfeffer würzen, in einen Stieltopf umfüllen und auf niedriger bis mittlerer Stufe ständig umrühren. Wenn die Masse eindickt, die Temperatur auf eine niedrige Stufe reduzieren. 15 Minuten weiterrühren, bis die Masse ganz eingedickt ist. Sollten Klumpen vorhanden sein, die Masse mit einem Handrührgerät rühren anstatt mit dem Holzlöffel. Die gehackte Petersilie unterrühren und den Topf von der Kochstelle nehmen.

Dann rasch die Mischung in eine kleine Kastenform gießen. Flach drücken und mit Frischhaltefolie abgedeckt zum Abkühlen einige Stunden oder über Nacht beiseitestellen. Die Masse in 2–3 mm dicke Scheiben und diese in Dreiecke schneiden.

In einem Topf mit schwerem Boden 2–3 cm hoch Öl auf 180 °C erhitzen. Die richtige Temperatur ist erreicht, wenn ein Teigstück darin sofort anfängt, sich aufzublähen. Je nach Größe des Topfes jeweils 3–4 Panelle etwa 2 Minuten frittieren, bis sie rundum goldbraun sind. Sie sollten außen leicht knusprig und innen weich sein.

Noch warm mit Salz bestreut servieren und Zitronenspalten zum Auspressen dazu reichen.

FÜR 8 PORTIONEN ALS VORSPEISE

MOZZARELLA FRITTA

{ FRITTIERTE MOZZARELLA-KUGELN }

12 KLEINE BOCCONCINI (ODER MEHR, JE NACH GRÖSSE)

TRAUBENKERN-, ERDNUSS- ODER SONNENBLUMENÖL, ZUM FRITTIEREN

EINFACHE TOMATENSAUCE (SEITE 261), ZUM ANRICHTEN (OPTIONAL)

PANADE

WEIZENMEHL TYPE 550

2 EIER, MIT EINEM SCHUSS MILCH LEICHT VERQUIRLT

HAUSGEMACHTE FRISCHE SEMMELBRÖSEL

Es gibt wohl nichts Einfacheres und Köstlicheres als diese frittierten Käsekugeln. Wichtig ist hierbei, die Bocconcini wirklich gut abtropfen zu lassen, weil sonst die Panade nicht gut am Käse haftet.

Die Bocconcini mindestens 30 Minuten abtropfen lassen, dann mit Küchenpapier abtupfen.

Das Mehl, die Eimischung und die Semmelbrösel auf einzelne flache Schalen verteilen. Ein Bocconcino leicht im Mehl wenden, dann in das Ei tunken und anschließend in den Semmelbröseln wenden. Dann den Käse ein zweites Mal in das Ei tunken und in den Semmelbröseln wenden. Der Käse sollte vollständig mit Semmelbröseln bedeckt sein, damit beim Frittieren nichts herausläuft. Mit den übrigen Bocconcini ebenso verfahren.

Einen Topf mit schwerem Boden 4–5 cm hoch mit Öl füllen und auf 180 °C erhitzen (oder eine Fritteuse verwenden). Die richtige Temperatur ist erreicht, wenn ein Brotwürfel darin innerhalb von 5 Sekunden goldgelb wird. Die Bocconcini unter häufigem Wenden darin 1–2 Minuten goldgelb frittieren. Auf Küchenpapier abtropfen lassen und vor dem Servieren leicht abkühlen lassen.

Entweder einfach so servieren oder die einfache Tomatensauce zum Dippen dazu reichen.

FÜR 4 PORTIONEN

LO SNACKIS

{ PANINI UND MEHR }

Cinque e cinque
Kichererbsen-Pfannkuchen mit Aubergine

Panino con fettine impanate e maionnese al limone
Brötchen mit paniertem Kalbfleisch und Zitronenmayonnaise

Panino con tartufata, rucola e parmigiano
Brötchen mit Trüffel-Champignons, Rucola und Parmesan

Panino con polpettine della nonna
Nonnas Frikadellenbrötchen

Panino con lesso alla picchiapò
Brötchen mit Kochfleisch alla Picchiapò

Pizza bianca con mortazza
Römisches Mortadella-Sandwich

Cassone verde
Fladenbrot »Cassone« mit Blattgemüse

Es gibt eine ganze Reihe englischer Wörter, die in den letzten 10 bis 20 Jahren Einzug in die italienische Sprache gehalten haben. Einige davon wurden abgewandelt, andere ganz verändert, wie etwa der italienische Begriff für Jogging, den ich einfach klasse finde – *footing*. *Lo snackista* ist ein weiteres Beispiel. Gemeint ist damit eine Person, die sich, üblicherweise in einer Bar, mit der Zubereitung von Sandwiches und Snacks zum Aperitif beschäftigt. Ich sehe den *snackista* als jemanden, die oder der mit viel Sorgfalt für die Zutaten leckere und handliche kleine Häppchen zusammenstellt, schmackhafte Zutaten in frisch gebackenes Brot schichtet und so immer wieder interessante Panini entstehen lässt.

Brot ist fester Bestandteil italienischer Essgewohnheiten und besonders beliebt sind dabei die sogenannten Panini. Im Italienischen bezeichnet *panino* ursprünglich einfach nur ein Brötchen oder kleines Brot. Mit der Zeit hat der Begriff jedoch als Kurzform für *panino imbottito* seinen Siegeszug angetreten und bezeichnet heute ein oft fantasievoll belegtes, knuspriges Brötchen, das mit der üblichen Vorstellung von einem Sandwich in Form zweier gestapelter weißer Brotscheiben eher wenig zu tun hat (die im Übrigen im Italienischen eher unter der Bezeichnung *tramezzino* laufen). So sind Panini mal belegt mit feinen, in Tomatensauce gekochten Rindfleischstückchen oder mit *tartufata* (dunkle Champignons mit Trüffel) und fein salzigem

Parmesan. Die gängigen Sandwiches mit Käse und Salatblatt, wie man sie oft in Städten findet, haben keinerlei Ähnlichkeit mit dem, was der *snackista* in Italien kreiert.

Heutzutage werden Panini oft mittags gegessen. Sie ersetzen dann das traditionelle ausgedehnte Mittagessen, das in Italien der Normalfall war, bevor auch hier der durchgehende Arbeitstag Alltag wurde und die Tradition der ausgedehnten Mittagspause ausgedient hatte. Panini sind dabei die ideale Alternative, denn sie enthalten häufig warme Füllungen, wie ich sie beispielsweise auf einer Speisekarte auf dem Mercato di Testaccio aufgelistet sah: hausgemachte Fleischbällchen, *lesso alla picchiapò* (in Tomatensauce gekochtes Fleisch) und lagenweise paniertes Kalbfleisch, oft geschichtet mit bitteren Gemüsesorten. Alles Dinge, die sich anfühlen wie das, was die Mamma oder die Nonna zu Hause machen würden.

Auch in Florenz ist der *snackista* um die Mittagszeit in vielen der beliebten kleinen Lokale emsig damit beschäftigt, Panini zuzubereiten. Auf den kopfsteingepflasterten Straßen stehen die Leute in Grüppchen mit einem Panino und einem Glas Wein in der Hand (nicht unüblich bei den Italienern, die auf der Straße zu Mittag essen), man unterhält sich und dann geht es wieder ins Büro. Eine sehr zivilisierte und würdige Alternative zum ausgedehnten heimischen Mittagstisch.

CINQUE e CINQUE

{ KICHERERBSEN-PFANNKUCHEN MIT AUBERGINE }

1 MITTELGROSSE AUBERGINE, LÄNGS IN
8 SCHEIBEN GESCHNITTEN, JEWEILS ETWA
3–4 MM DICK

1½ TL SALZ

OLIVENÖL, ZUM BETRÄUFELN

1 KNOBLAUCHZEHE, IN FEINE SCHEIBEN
GESCHNITTEN

1 PRISE CHILIFLOCKEN

100 G KICHERERBSENMEHL

30 ML TRAUBENKERN- ODER ERDNUSSÖL

4 KLEINE BAGUETTE- ODER
CIABATTABRÖTCHEN, HALBIERT

Fährt man die Westküste des italienischen Stiefels hoch, gelangt man im oberen Teil, kurz bevor die Küste sich nach und nach in Richtung Westen nach Frankreich bewegt, nach Livorno. Dort gibt es ein typisches Gericht namens Cinque e cinque, ein herzhafter Pfannkuchen aus Kichererbsenmehl (genannt Cecina oder Farinata), der auf einer Art französischem Baguette mit einer Scheibe gegrillter Aubergine angerichtet wird. Der Name geht viele Jahrzehnte zurück in eine Zeit, als man sowohl für die Cecina als auch für das Brot cinque lire, also fünf Lire, zahlte. Dieser Snack wird mit einem Schuss Olivenöl und einer kräftigen Prise schwarzem Pfeffer serviert.

Die Auberginenscheiben in ein Sieb über eine Schüssel legen und mit 1 TL von dem Salz einreiben. Mit einem Geschirrtuch abdecken und 1 Stunde abtropfen lassen.

Den Backofen auf 200 °C vorheizen. Die Auberginenscheiben trockentupfen und auf ein Backblech legen. Mit etwas Olivenöl beträufeln und 10–15 Minuten im heißen Ofen backen. Zwischendurch einmal wenden und jede Scheibe nochmals mit Olivenöl beträufeln. Die Auberginen aus dem Ofen nehmen, wenn sie am Rand knusprig werden, in der Mitte aber noch weich sind.

Die Auberginenscheiben nebeneinander in eine Keramikform legen und Knoblauch sowie Chiliflocken darüber verteilen. Mit etwas Olivenöl beträufeln und beiseitestellen, damit der Knoblauch gut durchziehen kann.

Das Kichererbsenmehl in einer großen Schüssel mit 300 ml Wasser gut 5 Minuten kräftig durchquirlen, damit keine Klumpen bleiben – die Mischung wird dabei kräftig aufschäumen. 20 Minuten beiseitestellen, bis sich der ganze Schaum an der Oberfläche abgesetzt hat. Den Schaum von der Oberfläche abschöpfen. Zurück bleibt ein sehr flüssiger Teig. Von dem Öl 20 ml sowie das restliche Salz dazugeben und alles gut mit einem Holzlöffel verrühren.

Den Grill auf einer hohen Stufe vorheizen. Eine gusseiserne Pfanne mit dem restlichen Öl einfetten und den flüssigen Teig dünn (1,5–2 mm) hineingießen. Die Pfanne 7–8 Minuten unter den Grill stellen und darauf achten, dass der Pfannkuchen nicht anbrennt. Die Cecina ist gar, wenn sie oben knusprig und goldgelb ist, innen aber noch weich.

Die Cecina in vier Stücke schneiden und diese mit ein paar Auberginenscheiben und schwarzem Pfeffer auf die Brötchen verteilen. Im Idealfall ist die Cecina beim Hineinbeißen noch warm.

FÜR 4 PORTIONEN

PANINO con FETTINE IMPANATE e MAIONNESE al LIMONE

{ BRÖTCHEN MIT PANIERTEM KALBFLEISCH UND ZITRONENMAYONNAISE }

400 G KALBFLEISCH, IN VIER SCHEIBEN GESCHNITTEN

TRAUBENKERN- ODER ERDNUSSÖL, ZUM BRATEN

4 BRÖTCHEN, BEISPIELSWEISE ROSETTA (SEITE 180), HALBIERT

ZITRONENMAYONNAISE (SEITE 256), ZUM ANRICHTEN

1 HANDVOLL RUCOLA, ZUM ANRICHTEN

PANADE

HAUSGEMACHTE FRISCHE SEMMELBRÖSEL

1 KRÄFTIGE PRISE FRISCH GERIEBENE MUSKATNUSS

30 G FEIN GERIEBENER PARMESAN

WEIZENMEHL TYPE 550

2 EIER, MIT 1 EL MILCH VERQUIRLT

Paniertes Kalbfleisch ist ein Klassiker und bietet sich als Belag für ein Brötchen geradezu an. Ich gebe gern etwas Parmesan zur Panade, dadurch bekommen die feinen Fleischscheiben eine köstliche Kruste. Mit einem Klecks zitroniger Mayonnaise und ein paar Salatblättern wird daraus eine königliche Mahlzeit. Das Kalbfleisch kann durch Jungrindfleisch oder auch Schweinefleisch ersetzt werden.

Die Kalbfleischscheiben einzeln zwischen zwei Lagen Backpapier legen. Mit einem Fleischhammer die Scheiben auf 2 mm Stärke flach klopfen. Sie können auch Ihren Metzger darum bitten.

Semmelbrösel, Muskatnuss und Parmesan in einer flachen Schale mischen. Das Mehl und die verquirlten Eier in zwei separate Schüsseln geben. Die Fleischscheiben nacheinander im Mehl wenden, überschüssiges Mehl ab-klopfen, dann in die Eimasse tunken, abtropfen lassen und schließlich rundum gleichmäßig mit den Semmelbröseln panieren. Wichtig ist, dass das Fleisch rundum von allen Zutaten gut umhüllt wird.

Eine große Pfanne 5 mm hoch mit Öl füllen und auf mittlerer Stufe erhitzen. So viele Fleischscheiben in die Pfanne geben, dass sie nebeneinander gut Platz haben. Einige Minuten goldbraun braten, dabei die Pfanne gelegentlich schwenken, sodass etwas Öl auf die Oberseite des Fleischs gelangt. Dann das Fleisch wenden und von der anderen Seite braten. Auf einen Teller geben und mit Küchenpapier abtupfen.

Die Fleischscheiben halbieren und mit einem Klecks Zitronenmayonnaise und ein paar Rucolablättern in einem Brötchen servieren.

FÜR 4 PORTIONEN

PANINO con TARTUFATA, RUCOLA e PARMIGIANO

{ BRÖTCHEN MIT TRÜFFEL-CHAMPIGNONS, RUCOLA UND PARMESAN }

1 EL NATIVES OLIVENÖL EXTRA

1 GROSSES SARDELLENFILET

75 G EGERLINGE, FEIN GEWÜRFELT

1 EL TROCKENER WEISSWEIN

1 GROSSE KALAMATA-OLIVE, ENTSTEINT UND FEIN GEWÜRFELT

2–3 TL TRÜFFELÖL VON SCHWARZEN TRÜFFELN

4 BRÖTCHEN, BEISPIELSWEISE ROSETTA (SEITE 180), HALBIERT

PARMESAN, IN FEINE SCHEIBEN GESCHNITTEN, ZUM SERVIEREN

1 HANDVOLL RUCOLA, ZUM ANRICHTEN

NATIVES OLIVENÖL EXTRA (OPTIONAL)

Die Kombination aus Trüffeln, pfeffrigem Rucola und salzig-reifem Käse ist in den paninoteche von Florenz ein Klassiker. Allerdings sind Trüffeln ziemlich hochpreisig und selbst Trüffel-Champignons im Glas (genannt tartufata) sind nicht gerade ein Schnäppchen. Eine Lösung kann da Trüffel-öl aus schwarzen Trüffeln sein, das man in guten Feinkostläden bekommt. Dieses Öl unter angebratene Egerlinge zu rühren, ist eine leckere Alternative, anstatt viel Geld für das Original hinzublättern.

Olivenöl und Sardellenfilet in einer kleinen Pfanne bei mittlerer Temperatur erhitzen und die Sardelle mit einem Holzlöffel zerkleinern. Sobald sie ihr Aroma entfaltet, die gewürfelten Pilze zugeben und erwärmen. Die Hitzezufuhr steigern, den Wein angießen und einige Minuten köcheln lassen, bis der Wein verkocht ist. Die Temperatur reduzieren, die gewürfelte Olive zugeben und nochmals 1 Minute köcheln lassen. Mit Salz und Pfeffer abschmecken.

Die Pfanne vom Herd nehmen und den Inhalt zum Abkühlen in eine kleine Schüssel geben. Das Trüffelöl unterrühren, zunächst nur 2 TL und dann nach Geschmack noch bis zu 1 TL mehr.

Auf jede Brötchenhälfte jeweils 1 EL von den Trüffel-Champignons geben. Darauf eine Scheibe Parmesan sowie einige Rucolablätter legen, mit Olivenöl beträufeln (optional) und dann die zweite Brötchenhälfte darauflegen.

FÜR 4 PORTIONEN

PANINO con POLPETTINE della NONNA

{ NONNAS FRIKADELLENBRÖTCHEN }

25 G (ETWA 1 SCHEIBE) WEISSBROT
 OHNE KRUSTE

4 EL MILCH

175 G RINDERHACK

75 G SCHWEINEHACK

1 KNOBLAUCHZEHE, FEIN GEHACKT

2 EL GROB GEHACKTE GLATTE PETERSILIE

60 G FRISCH GERIEBENER PARMESAN

1 PRISE FRISCH GERIEBENE MUSKATNUSS

25 G HOCHWERTIGE SALAMI, GROB
GEHACKT

1 EI

2 EL OLIVENÖL

SAFT VON 1 KLEINEN ZITRONE

4 BRÖTCHEN, HALBIERT

1 HANDVOLL RUCOLABLÄTTER

PANADE

WEIZENMEHL TYPE 550

1 EI, MIT EINEM SCHUSS MILCH LEICHT
VERQUIRLT

HAUSGEMACHTE GETROCKNETE
SEMMELBRÖSEL

Weiche, würzige Frikadellen verpackt in einem Brötchen sind das ideale Lunchpaket. Das in Milch eingeweichte Weißbrot ohne Kruste sorgt dafür, dass die Polpettine feucht bleiben, und die Zugabe von Zitronensaft in den letzten Garminuten verleiht dem Ganzen den besonderen geschmacklichen Kick.

Das Brot in kleine Stücke zerteilen und etwa 10 Minuten in der Milch einweichen. Gut ausdrücken und die Milch weggießen.

Brot, Hackfleisch, Knoblauch, Petersilie, Parmesan, Muskatnuss, Salami und Ei in eine große Schüssel geben und mit Salz und Pfeffer würzen. Mit einem Löffel oder mit den Händen alles sorgfältig vermischen. Mit angefeuchteten Händen dann golfballgroße Kugeln formen und diese mit der Handfläche leicht flach drücken. Das Mehl, die Eimischung und die Semmelbrösel auf einzelne flache Schalen verteilen. Die Frikadellen einzeln zunächst im Mehl wenden, dann in der Eimischung und zum Schluss in den Semmelbröseln. Auf einen Teller legen und mit Frischhaltefolie abgedeckt etwa 1 Stunde in den Kühlschrank stellen.

Das Öl in einer für alle Frikadellen ausreichend großen Pfanne auf mittlerer Stufe erhitzen. Die Polpettine darin auf der einen Seite goldbraun braten, dann wenden und auf der anderen Seite ebenfalls goldbraun braten. Wenn die Frikadellen durchgegart sind, den mit der gleichen Menge an Wasser gemischten Zitronensaft in die Pfanne geben. Bei geschlossenem Deckel 8–10 Minuten leise köcheln lassen.

Jedes Brötchen mit mindestens zwei Frikadellen sowie frischen Rucolablättern belegen und einen Löffel des leckeren Bratensuds darübergeben.

FÜR 4 PORTIONEN

PANINO con LESSO alla PICCHIAPÒ

{ BRÖTCHEN MIT KOCHFLEISCH ALLA PICCHIAPÒ }

2 EL OLIVENÖL

1 WEISSE ZWIEBEL, FEIN GEHACKT

125 ML RINDERBRÜHE (SEITE 260)

½ MITTELGROSSE KAROTTE, IN FEINE SCHEIBEN GESCHNITTEN

400 G (1 KLEINE DOSE) GESCHÄLTE TOMATEN

1 KRÄFTIGE PRISE CHILIFLOCKEN

400 G GEKOCHTES RINDFLEISCH (SEITE 260)

1 ZWEIG BASILIKUMBLÄTTER, PLUS EINIGE BLÄTTER ZUSÄTZLICH ZUM ANRICHTEN

4 BRÖTCHEN, BEISPIELSWEISE ROSETTA (SEITE 180), HALBIERT

Bei Streetfood geht es oft darum, aus wenigen Dingen das meiste herauszuholen. Bei Mordi e vai auf dem Mercato di Testaccio in Rom gibt es Brötchen, die gefüllt sind mit gekochtem Suppenfleisch, das nach Picchiapò-Art in einer gehaltvollen Tomaten-Zwiebel-Sauce mit Karotten zubereitet wird. Viele preiswertere Fleischstücke, etwa solche mit vielen Sehnen und Muskeln, ergeben eine großartige Brühe, und die Römer haben sich eine clevere Lösung ausgedacht, um auch diese Fleischstücke noch zu verwerten. Nach stundenlangem Garen in der Brühe wird das Fleisch in Stücke geschnitten und erneut gekocht. Am Ende ist es dann so zart, dass es auf der Zunge zergeht. Von diesem Gericht gibt es viele Variationen – so wird beispielsweise anstelle von Basilikum auch römische mentuccia (Minze) verwendet oder das Fleisch wird gewürfelt. In einem Rosetta-Brötchen wird das Ganze zu einem leckeren Mittagessen oder einem tollen Imbiss.

Das Olivenöl in einem mittelgroßen Stieltopf auf mittlerer Stufe erhitzen und die Zwiebel darin 10 Minuten glasig dünsten. Die Rinderbrühe zugießen und 10 Minuten köcheln lassen, bis sie um die Hälfte eingekocht ist. Die Karotte zugeben und einige Minuten mitkochen, dann die Tomaten und die Chiliflocken in den Topf geben und die Tomaten mit einem Holzlöffel zerdrücken. Mit geschlossenem Deckel etwa 15 Minuten köcheln lassen.

Das Fleisch in dünne Scheiben schneiden und dabei nach Belieben das Fettgewebe wegschneiden. Das Fleisch sowie den Basilikumzweig in die Sauce geben und 8–10 Minuten mitkochen lassen, bis Fleisch und Sauce gut durchgezogen sind und das Fleisch heiß ist. Nach Geschmack mit Salz und Pfeffer abschmecken und das Basilikum herausnehmen.

Das Fleisch gleichmäßig auf die Brötchen aufteilen und natürlich auch reichlich von der leckeren Sauce darübergeben. Nach Belieben noch mit frischen Basilikumblättern garnieren.

FÜR 4 PORTIONEN

PIZZA BIANCA con MORTAZZA

{ RÖMISCHES MORTADELLA-SANDWICH }

400 G BACKSTARKES MEHL (TYPE 812 ODER 1050), PLUS ETWAS ZUSÄTZLICH ZUM BESTÄUBEN

4 G TROCKENHEFE

280 ML LAUWARMES WASSER

2 EL OLIVENÖL

1 TL SALZ

NATIVES OLIVENÖL EXTRA

2–3 EL SEMMELBRÖSEL

MEERSALZ, ZUM BESTREUEN

24 DÜNNE SCHEIBEN MORTADELLA

8 EINGELEGTE ARTISCHOCKEN, ABGETROPFT UND IN FEINE SCHEIBEN GESCHNITTEN (OPTIONAL)

Pizza e mortazza ist in Rom ein Klassiker, besonders für einen Snack am Nachmittag. Dabei handelt es sich eigentlich nur um ein Sandwich aus Pizza ohne Belag (pizza bianca), Mortadella (in Rom mortazza genannt) und einer kräftigen Prise Salz. Es gibt in Rom sogar eine zu einem Imbisswagen umgebaute dreirädrige Ape mit diesem Namen, wo man – natürlich – diese Pizza kaufen kann. Es lohnt sich, hochwertige Mortadella zu kaufen und diese in hauchdünne Scheiben schneiden zu lassen.

Das Mehl in eine Schüssel geben und die Hefe unterrühren. Das Wasser zugießen und mit einem Holzlöffel weiterrühren, dann das Öl zugeben und ebenfalls verrühren. Den Teig auf eine bemehlte Arbeitsfläche geben, das Salz darüberstreuen und etwa 10 Minuten kneten, bis der Teig glatt und elastisch ist. Alternativ kann der Teig auch mit einem Knethaken in einem Standmixer zubereitet werden. Anschließend in eine geölte Schüssel geben, ein sauberes Geschirrtuch darüberlegen und an einem warmen Ort mindestens 2 Stunden gehen lassen. Der Teig sollte sich im Volumen verdoppeln.

Mit geölten Händen den Teig auf eine bemehlte Arbeitsfläche legen, etwas flach drücken und etwa 10 Minuten kneten. Dies geht auch mit Knethaken auf niedriger Stufe. Aus dem Teig zwei Kugeln formen, eine davon mit einem sauberen Geschirrtuch abdecken und die andere nochmals 5 Minuten kneten. Dann die zweite Teigkugel ebenso bearbeiten. Das Geschirrtuch nass machen, gut auswringen und über beide Teigkugeln legen. 20 Minuten ruhen lassen.

Den Backofen auf 210 °C vorheizen. Zwei große, rechteckige Pizza- oder Backformen einfetten und mit den Semmelbröseln bestreuen.

Mit gut geölten Händen eine Teigkugel mit den Fingerspitzen auf der Arbeitsfläche ungefähr auf die Größe des Blechs ausziehen. Auf das Blech legen und mit etwas Meersalz bestreuen. Die zweite Kugel ebenso vorbereiten. Mit sauberen Geschirrtüchern abdecken und an einem vor Zugluft geschützten Ort mindestens 20 Minuten ruhen lassen.

Die Pizzen nacheinander etwa 15 Minuten backen, bis sie goldbraun sind. Jede Pizza vierteln und jedes Viertel wie ein Pitabrot quer aufschneiden, mit drei Scheiben Mortadella und ein paar Artischockenstücken (wenn verwendet) füllen. Es lohnt sich, vor dem Verzehr einige Minuten zu warten. Das Brot sollte noch warm sein und die Mortadella etwas weich geworden sein.

FÜR 8 PORTIONEN

CASSONE VERDE

{ FLADENBROT »CASSONE« MIT BLATTGEMÜSE }

TEIG

500 G WEIZENMEHL TYPE 550

1 TL SALZ

1 PRISE BACKSODA

200 ML VOLLMILCH

120 ML OLIVENÖL

FÜLLUNG

2 GROSSE BUNDE SPINAT ODER ANDERES BLATTGEMÜSE

4 FRÜHLINGSZWIEBELN. NUR DAS WEISSE. FEIN GEHACKT

2 EL GEHACKTE GLATTE PETERSILIE

½ TL FRISCH GEMAHLENE MUSKATNUSS

30 G FRISCH GERIEBENER PARMESAN

Die Ursprünge von Cassone Romagnolo (oder Piadina Romagnola) reichen Jahrhunderte zurück, manche sagen, bis in die Zeit der alten Römer. In der in Mittelitalien gelegenen Region Emilia-Romagna wird traditionell eine dünne Schicht Teig aus Mehl, Schweineschmalz, Wasser und Salz ausgerollt, mit Wildkräutern belegt, wie eine Tasche zusammengeklappt und dann in einer Pfanne gegart. Teigdicke und Größe des Cassone (im Rest der Welt eher bekannt als Piadina) können regional unterschiedlich sein, ebenso die Füllung, die oft weniger traditionell, aber dafür gängiger ist, wie Mozzarella und Tomaten, Kartoffel, Wurst oder Kürbis.

Für den Teig das Mehl auf der Arbeitsfläche anhäufen, mit dem Salz und dem Backnatron bestreuen und dann in die Mitte eine kleine Mulde drücken. Die Milch und das Olivenöl in einer kleinen Kanne vermischen und in diese Mulde gießen. Die Flüssigkeit mit den Fingern nach und nach in das Mehl einarbeiten, bis sich alles verbindet. Den Teig etwa 5 Minuten kneten, bis er schön glatt und gleichmäßig ist. In Frischhaltefolie einschlagen und mindestens 30 Minuten ruhen lassen.

In der Zwischenzeit für die Füllung in einem großen Topf Salzwasser zum Kochen bringen. Den Spinat von Wurzeln und Stielen befreien und beschädigte Blätter abschneiden. Die Spinatblätter gründlich waschen und mehrmals abspülen, um die Erde restlos zu entfernen. In das kochende Wasser geben und aufkochen lassen. Dann sofort abgießen und in kaltem Wasser abschrecken. Den Spinat so kräftig wie möglich ausdrücken, damit die überschüssige Flüssigkeit herausläuft. Es sollten etwa 300 g gegarter Spinat herauskommen. Fein hacken, mit Salz und Pfeffer abschmecken und beiseitestellen.

Den Teig in vier gleich große Teile aufteilen. Jedes Stück zu einem Fladen mit 30 cm Durchmesser ausrollen und mit einem sauberen Geschirrtuch abdecken, während die anderen Fladen fertiggestellt werden. Die Zutaten für die Füllung gleichmäßig auf jeweils eine Hälfte der Fladenbrote verteilen und dabei einen 1 cm breiten Rand frei lassen. Den Teigfladen zu einem Halbkreis zusammenklappen und diesen zum Verschließen am Rand mit den Fingern zusammendrücken.

Eine große, beschichtete Pfanne auf mittlerer bis hoher Stufe erhitzen. Eine oder zwei Cassoni (je nach Größe der Pfanne) in die Pfanne legen und den Herd auf eine niedrige bis mittlere Stufe stellen. Bei geschlossenem Deckel von jeder Seite 3–4 Minuten braten, bis der Teig goldgelb und knusprig wird. Mit den übrigen Cassoni ebenso verfahren. Jedes Cassone durchschneiden und mit grünem Salat sowie einem knackigen Weißwein servieren.

ERGIBT 4 STÜCK

TRIPPA
ALLA ROMANA

PANINO € 3,50

LA NOSTRA
CHICCA!
POLPETTE D'ALLESSO
DI SCOTTONA
RICETTA DI NONNA
€ 2,00 CAD.

...ICCIA
(...CHINI)
...0 PANINO

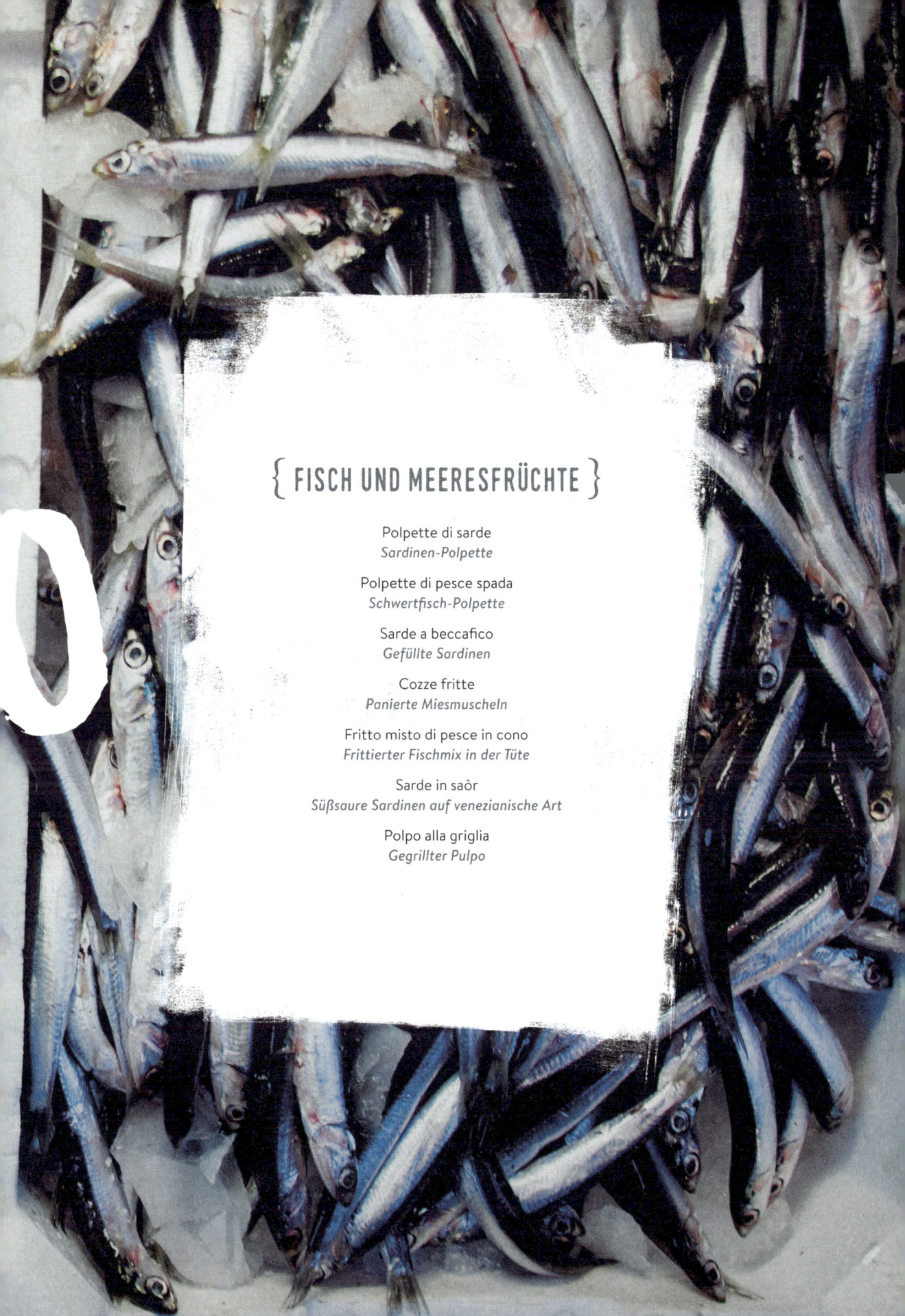

{ FISCH UND MEERESFRÜCHTE }

Polpette di sarde
Sardinen-Polpette

Polpette di pesce spada
Schwertfisch-Polpette

Sarde a beccafico
Gefüllte Sardinen

Cozze fritte
Panierte Miesmuscheln

Fritto misto di pesce in cono
Frittierter Fischmix in der Tüte

Sarde in saòr
Süßsaure Sardinen auf venezianische Art

Polpo alla griglia
Gegrillter Pulpo

Wenn es um Fisch und Meeresfrüchte geht, können die Italiener absolut aus dem Vollen schöpfen, liegt doch der weitaus größte Teil ihrer Halbinsel unmittelbar am Mittelmeer. Selbst wenn man im Landesinneren lebt, ist die Küste nie mehr als ein paar Stunden entfernt und frischen Fisch kann man auch dort gut kaufen. Fisch und Meeresfrüchte sind als Streetfood sehr beliebt, denn diese Dinge sind in der Regel schnell gar und gerade kleine Sorten lassen sich unkompliziert aus der Hand essen.

Il poliparo bezieht sich auf einen alten Beruf aus der Zeit, als Straßenhändler noch sehr spezielle Aufgaben hatten, insbesondere in Venedig und der Region Venetien sowie in Palermo in Sizilien. Der *poliparo* war zuständig für die Zubereitung von *polipo* (Pulpo/Oktopus) und anderer Meeresfrüchte wie Meeresschnecken und *canocchie* (Heuschreckenkrebs). Die Krake, auch Pulpo oder Oktopus genannt, ein faszinierendes Geschöpf, wird in der Küche vielseitig verwendet. Kleinere Kraken können im Ganzen gegessen werden, wohingegen die Tentakel der größeren Pulpos oft in einer leichten Tomatensauce gegart werden, bis sie zart und saftig sind, und dann mit Petersilie, Olivenöl, Salz und Pfeffer (und in Sizilien auch Knoblauch) angerichtet werden.

Der Begriff *poliparo* mag zwar aus dem allgemeinen Sprachgebrauch verschwunden zu sein, aber auf dem Mercato Vucciria in Palermo beispielsweise ist gekochter Pulpo ein Standardgericht. Mit einem Stück Zitrone dazu ist er ein sehr beliebter spätabendlicher Imbiss. Auch in Padua auf der Piazza della Frutta bin ich auf einen Verkaufsstand gestoßen, wo traditionelle Gerichte aus Fisch und Meeresfrüchten angeboten wurden, insbesondere Pulpo, Tintenfische und Kalmare, zubereitet auf venezianische Art. Dieser Straßenhändler kam für heutige Verhältnisse sehr nahe an einen *poliparo* heran.

In ganz Italien findet man Streetfood-Gerichte auf Fischbasis – *sarde in saòr* (Sardinen in süßsaurer Zwiebelsauce, die am besten schmecken, wenn sie ein paar Tage durchziehen konnten) werden in venezianischen Bars, den *bacari*, als *cichetti* (Snacks) verkauft, oft auf einer Scheibe Brot, dann panierter Fisch, der in Küstenstädten wie Rimini, Genua oder Bari häufig in Papiertüten verkauft wird mit einem Glas Bier dazu, sowie mundgerechte *sarde a beccafico* (gefüllte Sardinen), wie sie auf den Märkten in Palermo, Messina und Catania in Sizilien verbreitet sind.

POLPETTE di SARDE

{ SARDINEN-POLPETTE }

50 G BROT OHNE KRUSTE

125 ML MILCH

600 G SARDINEN, FILETIERT UND GESÄUBERT

50 G FRISCH GERIEBENER PARMESAN

1 KNOBLAUCHZEHE, ANGEDRÜCKT

1 PRISE FRISCH GERIEBENE MUSKATNUSS

1 EL FEIN GEHACKTE MINZEBLÄTTER

50 G KORINTHEN, 15 MINUTEN EINGEWEICHT IN 4 EL WARMEM WASSER, ANSCHLIESSEND ABGETROPFT

1 GROSSES EI, LEICHT VERQUIRLT

1–2 EL SEMMELBRÖSEL (FALLS ERFORDERLICH)

OLIVENÖL, ZUM BRATEN

ZITRONENSPALTEN, ZUM ANRICHTEN

KNOBLAUCHMAYONNAISE (SEITE 257), ZUM ANRICHTEN (OPTIONAL)

Sardinen waren immer schon preiswert und reichlich zu haben und daher in der Vergangenheit oft die Sorte Fisch, die sich auch ärmere Menschen leisten konnten. Und außerdem schmecken sie sehr gut! Sie sind leicht zu filetieren, vor allem, wenn man vorhat, Fischbällchen daraus zu machen. Aber wenn die Zeit knapp ist oder Sie sich davor scheuen, können Sie sie auch bereits filetiert kaufen.

In einer Schüssel das Brot ein paar Minuten in der Milch einweichen, dann abgießen und die gesamte Flüssigkeit herausdrücken und weggießen. Das eingeweichte Brot beiseitestellen.

Die Sardinen gut waschen und mit Küchenpapier trockentupfen. Die Filets von der Haut befreien, da Gräten daran haften könnten. Dann das Fischfleisch fein hacken und in die Schüssel mit dem eingeweichten Brot geben. Parmesan, Knoblauch, Muskatnuss, Minze, abgetropfte Korinthen und Ei sowie Salz und Pfeffer zugeben und alles gründlich vermengen. Sollte die Mischung zu feucht wirken, etwas Semmelbrösel zugeben – die Konsistenz sollte fest sein, damit die Polpette beim Braten nicht zerfallen.

Mit angefeuchteten Händen aus der Mischung golfballgroße, etwa 20 g schwere Kugeln formen und anschließend leicht flach drücken. So viel Olivenöl in eine Pfanne geben, dass der Boden bedeckt ist. Die Polpette bei mittlerer Temperatur etwa 8 Minuten braten, bis sie durchgegart und goldbraun sind. Nach der Hälfte der Zeit wenden. Mit Zitronenspalten und nach Belieben mit Knoblauchmayonnaise als Vorspeise servieren.

ERGIBT ETWA 35 POLPETTE

POLPETTE di PESCE SPADA

{ SCHWERTFISCH-POLPETTE }

TRAUBENKERN- ODER ERDNUSSÖL,
ZUM BRATEN

450 G SCHWERTFISCH, IN 1 CM GROSSE
WÜRFEL GESCHNITTEN

40 G PINIENKERNE

1 TL GEMAHLENER ZIMT

2 TL FEIN GEHACKTER OREGANO

2 EL FEIN GEHACKTE GLATTE PETERSILIE

50 G FRISCH GERIEBENER PARMESAN

1 GROSSES EI, LEICHT VERQUIRLT

100 G SEMMELBRÖSEL

1 TL ABGERIEBENE ORANGENSCHALE

1 EL FRISCH GEPRESSTER ORANGENSAFT

30 G KORINTHEN, 15 MINUTEN
EINGEWEICHT IN 4 EL WARMEM WASSER,
ANSCHLIESSEND ABGETROPFT (OPTIONAL)

Die Straße von Messina, also die Meerenge zwischen Sizilien und Kalabrien, ist das Fanggebiet für Schwertfisch. Ob in Catania oder in Siracusa, beim Fischhändler sehen Sie fast immer Schwertfisch am Stück auf der Theke liegen – inklusive Schwert –, der darauf wartet, in Scheiben geschnitten zu werden. Frischer geht es kaum. In Palermo habe ich unterwegs auf den Märkten Schwertfisch-Polpette kennengelernt, die in einem kleinen Behälter gereicht und mit einem Spieß gegessen wurden. Sie hatten ein wunderbare fein-süßliche Note durch einen Hauch von Zimt und Orange. Als Ersatz für Schwertfisch kann man auch einen anderen Fisch mit festem Fleisch nehmen wie etwa Gelbschwanzmakrele oder Blauen Marlin.

Einen Schuss Öl in einer mittelgroßen Pfanne bei mittlerer Temperatur erhitzen. Die Fischstücke, die Pinienkerne und das Zimtpulver dazugeben und alles 2–3 Minuten anbraten, bis der Fisch sich leicht verfärbt und gerade durchgegart ist. Zum Abkühlen in einer mittelgroßen Schüssel beiseitestellen.

Kräuter, Parmesan, Ei, Semmelbrösel, Orangenabrieb und -saft sowie, wenn verwendet, die Korinthen zugeben. Mit Salz und Pfeffer würzen und alles gut vermengen. Aus der Masse etwa 30 g schwere Kugeln rollen und auf ein Backblech legen. Mit Frischhaltefolie abdecken und mindestens 1 Stunde oder bis zu 3–4 Stunden in den Kühlschrank stellen.

So viel Olivenöl in eine Pfanne geben, dass der Boden bedeckt ist. Die Fischbällchen in der Pfanne 2–3 Minuten unter gelegentlichem Wenden braten, bis sie rundum goldgelb sind.

Diese Polpette schmecken frisch aus der Pfanne ebenso gut wie warm oder zimmerwarm. Dazu passt ein bunter Salat.

ERGIBT ETWA 25 POLPETTE

SARDE a BECCAFICO

{ GEFÜLLTE SARDINEN }

24 GROSSE SARDINEN, FILETIERT UND GESÄUBERT, SCHWANZ NICHT ENTFERNT

1 EL NATIVES OLIVENÖL EXTRA

2 KNOBLAUCHZEHEN, FEIN GEHACKT

75 G SEMMELBRÖSEL AUS ALTBACKENEM BROT

1 EL FEIN GEHACKTE GLATTE PETERSILIE

30 G KORINTHEN, EINGEWEICHT IN 4 EL WARMEM WASSER, ANSCHLIESSEND ABGETROPFT

40 G PINIENKERNE, GERÖSTET

ABGERIEBENE SCHALE UND SAFT VON 1 ZITRONE, PLUS 1 ZITRONE IN SCHEIBEN GESCHNITTEN

1½ EL FRISCH GEPRESSTER ORANGENSAFT

2 KLEINE ORANGEN, HALBIERT UND IN SCHEIBEN GESCHNITTEN

8 FRISCHE LORBEERBLÄTTER

In Sizilien werden Sardinen häufig mit Korinthen, Zitrusfrüchten und Pinienkernen kombiniert, was neben einer gewissen Süße auch für einen herzhaften Kick Säure sorgt. Man muss sie nicht unbedingt auf Spießen zubereiten, sondern kann sie auch nebeneinander anordnen und dazwischen abwechselnd Scheiben von Zitrone und Orange und Lorbeerblätter legen. Je frischer die Sardinen, desto besser.

Die Sardinen mit Küchenpapier trockentupfen und beiseitestellen. Das Öl in einer beschichteten Pfanne bei mittlerer Temperatur erhitzen und den Knoblauch, die Semmelbrösel, die Petersilie und eine kräftige Prise Salz darin einige Minuten anrösten, bis der Knoblauch duftet und die Semmelbrösel sich leicht verfärben. Diesen Mix in eine kleine Schüssel geben, dann die abgetropften Korinthen, die gerösteten Pinienkerne, den Zitronen- und Orangenabrieb sowie den Orangensaft dazugeben und alles gut umrühren.

Den Backofen auf 160 °C vorheizen. 8 Holzspieße 15 Minuten in kaltem Wasser einweichen.

Vorbereitend jeweils eine Orangenscheibe auf jeden Spieß stecken. Dann ein Sardinenfilet auf eine saubere Unterlage legen und 1 TL von der Füllung auf das breitere Ende geben. Es kann sein, dass bei kleineren Sardinen die Füllung beim Aufrollen seitlich austritt, aber das macht nichts. Das Filet aufrollen und auf den Spieß stecken. Nun folgt eine Zitronenscheibe, eine weitere aufgerollte Sardine, ein Lorbeerblatt, eine dritte Sardine und zum Abschluss schließlich wieder eine Orangenscheibe. Auf eine Backform legen und auf dieselbe Weise sieben weitere Spieße fertigstellen. Großzügig mit Olivenöl beträufeln und 20 Minuten im Backofen garen.

Die Spieße mit Zitronensaft beträufeln und vor dem Servieren 10 Minuten ruhen lassen.

ERGIBT 8 SPIESSE

COZZE FRITTE

{ PANIERTE MIESMUSCHELN }

125 ML WEISSWEIN

1 KG LEBENDE MIESMUSCHELN,
ABGEBÜRSTET UND ENTBARTET,
BESCHÄDIGTE MUSCHELN WEGWERFEN

75 G HELLES WEIZENMEHL

2 EIER, MIT EINEM SCHUSS MILCH LEICHT
VERQUIRLT

125 G HAUSGEMACHTE FRISCHE
SEMMELBRÖSEL, PLUS ETWAS MEHR,
WENN BENÖTIGT

SONNENBLUMEN-, TRAUBENKERN- ODER
ERDNUSSÖL, ZUM FRITTIEREN

FLOCKIGES MEERSALZ (Z. B. FLEUR DE SEL)

ZITRONENSPALTEN, ZUM ANRICHTEN

An der adriatischen Küste Italiens ist das Angebot an frischsten Muscheln und Meeresfrüchten besonders gut. Die Miesmuscheln sind groß, herrlich frisch und immer gut verfügbar. Da sie besonders fleischig sind, schmecken sie paniert und frittiert unübertrefflich – eine für kleinere, zartere Muscheln eher ungeeignete Zubereitungsart. Ich paniere sie gern doppelt und reiche sie auch zu Hause in einer Spitztüte aus Papier mit Zitronenschnitzen, genau so, wie es die Leute an der Küste machen.

Den Wein in eine große Pfanne mit Deckel gießen und stark erhitzen. Wenn der Wein anfängt zu blubbern, die Muscheln hineingeben und den Deckel auflegen. Die Pfanne etwa einmal in der Minute schütteln, dann schauen, ob sich schon Muscheln geöffnet haben. Offene Muscheln herausnehmen und in eine Schüssel legen. Die übrigen Muscheln weiter bei geschlossenem Deckel dämpfen, weiter die Pfanne schütteln und geöffnete Muscheln herausnehmen. Muscheln, die sich nach 5 Minuten noch nicht geöffnet haben, wegwerfen.

Das Fleisch aus den Muschelschalen herauslösen und in eine Schüssel Wasser legen. Gegebenenfalls nochmals entbarten und dann trockentupfen.

Drei separate flache Schalen mit Mehl, Eimischung und Semmelbröseln füllen. Das Muschelfleisch leicht im Mehl wenden, dann durch das Ei ziehen und anschließend in den Semmelbröseln wenden. Wenn Sie doppelt panieren möchten, werden die Muscheln erneut im Ei und in den Semmelbröseln gewendet. Mit den übrigen Muscheln ebenso verfahren.

In einem großen Topf mit schwerem Boden oder einer Fritteuse ausreichend Öl zum Frittieren auf 180 °C erhitzen. Die richtige Temperatur ist erreicht, wenn ein Brotwürfel darin innerhalb von 5 Sekunden goldgelb wird. Die Muscheln darin unter häufigem Wenden 3–4 Minuten goldgelb frittieren.

Mit Meersalz und Zitronenspalten zum Auspressen warm als Antipasto servieren.

FÜR 4 PORTIONEN

FRITTO MISTO di PESCE in CONO

{ FRITTIERTER FISCHMIX IN DER TÜTE }

800 G GEMISCHTE MEERESFRÜCHTE (Z. B. BABY-KALMARE, GARNELEN, SARDELLEN, JUNGFISCHE UND JAKOBS-MUSCHELN), IN MUNDGERECHTE STÜCKE GESCHNITTEN

TRAUBENKERN- ODER ERDNUSSÖL, ZUM FRITTIEREN

FEINER HARTWEIZENGRIESS, ZUM BESTÄUBEN

FLOCKIGES MEERSALZ (Z. B. FLEUR DE SEL)

ZITRONENSPALTEN ODER ZITRONENMAYONNAISE (SEITE 256), ZUM SERVIEREN

Am Meer flanierend ganz zwanglos aus einer Papierspitztüte frischsten und eben erst frittierten Fisch zu essen, ist Sommerfeeling pur. Mit diesem Gericht verwöhne ich gern Freunde am frühen Abend, am besten mit einem erfrischenden Prosecco dazu. Außer Meeresfrüchten können Sie auch in mundgerechte Stücke geschnittene Fische nehmen wie Makrelen, Sardinen oder ähnliche. Wenn Sie den Fisch beim Fischhändler putzen und filetieren lassen, ist dies ein wirklich einfaches und schnelles Essen. Mit Zitronenspalten servieren oder, wenn Sie etwas mehr Zeit haben, mit hausgemachter Zitronenmayonnaise.

Fisch und/oder Meeresfrüchte mit Küchentüchern trockentupfen und die verschiedenen Sorten auf einzelne kleine Schalen verteilen (da die Garzeiten jeweils anders sind).

In einem großen Topf mit schwerem Boden, einem Wok oder einer Fritteuse ausreichend Öl zum Frittieren auf 190 °C erhitzen. Mit einem kleinen Stück Fisch können Sie prüfen, ob das Öl heiß genug ist. Es sollte sofort anfangen zu blubbern.

Die bereitgelegten Meeresfrüchte nach Sorten getrennt leicht mit Hartweizengrieß bestäuben. Am einfachsten geht dies, wenn man die Fischstücke in ein großes, feines Sieb legt und 1 EL Hartweizengrieß darübergibt. Gut durchschütteln und den überschüssigen Grieß in einer großen Schüssel darunter auffangen.

Den Fisch portionsweise je nach Größe in 1–2 Minuten goldgelb frittieren. Auf Küchenpapier abtropfen lassen und die übrigen Stücke ebenso zubereiten.

Die frittierten Stücke mit flockigem Meersalz bestreut nach Belieben in Spitztüten servieren. Dazu Zitronenspalten oder Zitronenmayonnaise reichen.

FÜR 4 PORTIONEN

SARDE in SAÒR

{ SÜSSSAURE SARDINEN AUF VENEZIANISCHE ART }

125 ML OLIVENÖL

3 MITTELGROSSE ZWIEBELN, AUF EINEM GEMÜSEHOBEL IN FEINE RINGE GESCHNITTEN

5 SCHWARZE PFEFFERKÖRNER, LEICHT ANGEDRÜCKT, PLUS EINIGE ZUSÄTZLICH NACH BELIEBEN

1 FRISCHES LORBEERBLATT

125 ML WEISSWEINESSIG

20 SARDINEN, FILETIERT UND GEPUTZT

HELLES WEIZENMEHL, ZUM BESTÄUBEN

FLOCKIGES MEERSALZ (Z. B. FLEUR DE SEL)

2 EL SULTANINEN

2 EL PINIENKERNE, LEICHT GERÖSTET

NATIVES OLIVENÖL EXTRA, ZUM BETRÄUFELN

1 KLEINE HANDVOLL GLATTE PETERSILIE, GEHACKT, ZUM GARNIEREN (OPTIONAL)

Diese Sardinen habe ich schon als Kind gern gegessen. Bei uns stand früher im Kühlschrank immer ein Keramikbehälter, in dem Mamma Sardinen und weiche, süße Zwiebeln geschichtet hatte. Meine Schwester und ich schlichen uns oft abends, wenn alle schon im Bett waren, in die Küche, um welche zu stibitzen.

Die Hälfte von dem Olivenöl in einer großen, beschichteten Pfanne auf niedriger bis mittlerer Stufe erhitzen. Die Zwiebeln sowie die Pfefferkörner und das Lorbeerblatt dazugeben und unter häufigem Rühren etwa 20 Minuten dünsten, bis die Zwiebelringe weich und goldgelb sind. Etwas Wasser zugeben, falls die Zwiebeln zu schnell braun werden. Den Essig zugeben und weitere 10 Minuten dünsten. Die Zwiebeln sollten dabei auf keinen Fall trocken werden. Dann in eine Schüssel geben und beiseitestellen.

Die Sardinen mit Küchenpapier trockentupfen und anschließend von beiden Seiten leicht mit Mehl bestäuben. Das restliche Olivenöl in derselben Pfanne erhitzen und die Sardinen auf mittlerer Stufe von jeder Seite etwa 2 Minuten goldgelb braten. Zum Entfetten auf Küchenpapier legen und dann mit flockigem Meersalz bestreuen.

In einen Keramikbehälter, möglichst mit passendem Deckel, eine Schicht der gegarten Zwiebeln geben. Ein paar Sultaninen und Pinienkerne darüberstreuen (und nach Belieben noch einige Pfefferkörner) und dann eine Schicht gebratener Sardinen darauf verteilen. Auf dieselbe Weise noch 3 oder 4 weitere Schichten legen, mit Zwiebeln als Abschluss. Sollte das Ganze zu trocken wirken, etwas bestes Olivenöl darüberträufeln und nach Belieben mit gehackter Petersilie garnieren.

Vor dem Verzehr zugedeckt im Kühlschrank mindestens 1–2 Tage durchziehen lassen. Die Sardinen halten sich bis zu 1 Woche.

FÜR 4 PORTIONEN

POLPO alla GRIGLIA

{ GEGRILLTER PULPO }

800 G PULPO (ETWA 1 MITTELGROSSER PULPO)

NATIVES OLIVENÖL EXTRA

1 HANDVOLL GLATTE PETERSILIE, FEIN GEHACKT

FLOCKIGES MEERSALZ (Z. B. FLEUR DE SEL)

ZITRONENSPALTEN, ZUM SERVIEREN

Pulpo und Tintenfisch sind überall an der Lagune von Venedig zu finden, sodass ich nicht erstaunt war, in Padua, einer attraktiven Stadt unweit von Venedig, auf einen Straßenhändler zu treffen, der an seinem Stand auf der Piazza della Frutta typisch regionale Häppchen aus Fisch und Meeresfrüchten zubereitete. Ob gegrillt, gefüllt oder gebraten, dort kann man alles, was an Meeresprodukten Tradition hat, genießen. Natürlich im Stehen, ausgerüstet mit Zahnstocher zum Picken und einem Glas Prosecco dazu.

Vom Pulpo direkt unterhalb der Augen die Fangarme abschneiden. Der Kopf kann ebenfalls verwendet werden, ist allerdings nicht so einfach zu putzen, weshalb es ratsam sein könnte, es beim Fischhändler machen zu lassen. Die Fangarme unter reichlich kaltem Wasser waschen. Die Haut vom Pulpo muss nicht entfernt werden.

In einem großen Topf reichlich Wasser zum Kochen bringen und den Pulpo 10 Sekunden eintauchen. Herausheben (die Fangarme werden sich aufgerollt haben) und dann erneut 10 Sekunden eintauchen. Diesen Vorgang 3–4 Mal wiederholen, er trägt dazu bei, das Fleisch zarter zu machen. Dann den Pulpo in das kochende Wasser legen und bei geschlossenem Deckel 15 Minuten garen.

Den Topf vom Herd nehmen und den Pulpo darin ruhen lassen, bis das Wasser vollständig abgekühlt ist. Dann herausnehmen und in gut 7 cm große Stücke schneiden. Einen Holzkohlegrill oder Barbecue stark aufheizen. Die Pulpo-stücke mit etwas Olivenöl einreiben und etwa 4 Minuten unter häufigem Wenden grillen, bis sie vollständig durchgegart sind.

Den Pulpo mit gehackter Petersilie und flockigem Meersalz bestreut warm oder kalt servieren und Zitronenspalten zum Auspressen dazu reichen.

FÜR 4 PORTIONEN

{ STREETFOOD MIT FLEISCH }

Polpettine di bar
Gebratene Fleischbällchen

Panino con porchetta
Porchetta mit Brötchen

Olive all'ascolana
Frittierte gefüllte Oliven

Gnocco fritto
Frittiertes »Gnocchi«-Brot

Arrosticini
Gegrillte Lammspieße

Bombette Pugliesi
Mini-Rouladen aus Apulien

Luganega con aceto
Bratwursthäppchen

Früher war der *porchettaio* der Spezialist für die Zubereitung von *porchetta* (Schweinerollbraten), eines rustikalen Gerichts aus Mittelitalien. Schlägt man das Wort *porchettaio* jedoch heute im italienischen Wörterbuch nach, wird man es vermutlich nicht mehr finden, da es aus dem Sprachgebrauch nahezu verschwunden ist. Das Wort mag aus der Mode gekommen sein, aber Porchetta-Verkaufswagen, die Scheiben von geröstetem Schweinebauch oder, was traditioneller ist, aus dem ganzen entbeinten Schwein verkaufen, sind es ganz und gar nicht. In einigen Regionen sind die Verkaufswagen auf Märkten, *sagre* (Volksfeste) und sogar bei Konzerten zu finden, aber Porchetta ist vor allem in Latium, in Umbrien, der Toskana und den Abruzzen seit Jahrhunderten Tradition.

Wenn das gesamte Schwein zubereitet wird, wird es zunächst entbeint, dann gefüllt und vorsichtig aufgerollt. Eine dicke Schicht aus Schwarte und Fett schützt das Fleisch und die Füllung im Inneren, während es normalerweise im Ofen, aber traditionell über einem offenen Holzfeuer gegart wird. Die Füllung variiert von Region zu Region und kann Leber, Schmalz, Rosmarin, Knoblauch, wilden Fenchel, Dill oder Pfeffer enthalten. Idealerweise sollte die Kruste außen knusprig, das aufgerollte Fleisch im Inneren zart und die Füllung aromatisch-salzig sein.

Ich hatte Verkaufswagen mit Porchetta auf den Piazzas in Spoleto und Florenz gesehen, entdeckte aber auch unerwartet einen an einer Straße in einer Vorstadt von Pescara in den Abruzzen. Es war Abend geworden und ich ging auf einer anderen Straße als der, die ich früher an diesem Tag gewählt hatte, zurück zu meiner Unterkunft. In der Ferne erspähte ich einen hell erleuchteten Verkaufswagen und Schilder mit Werbung für *porchetta cotta al mattone* (auf einem Ziegelstein gegarter Schweinebauch), *polli allo spiedo* (Grillhähnchen) und *carni nostrane* (Fleisch aus der Region). Außerdem war auf der Vorderseite des Wagens eine cartoonähnliche Abbildung eines zusammengerollten und gerösteten Schweins zu sehen. Ich plauderte ein wenig mit dem *porchettaio*, einem lustigen und freundlichen Mann, der mir etwas über den Wagen und seine Produkte erzählte. Er gab mir etwas von der Porchetta zum Probieren (die saftig und zart war und nach Rosmarin duftete) und erzählte mir, dass das Schweinefleisch aus der Region kam und er im Winter zwar weniger verkaufte, trotzdem aber ältere Leute herkamen, um ihr Abendessen zu kaufen und mit in ihre Wohnung zu nehmen. Wie gerufen kam ein älterer Herr vorbei und bestellte eine Portion Porchetta für fünf Euro sowie gegrilltes Gemüse als Beilage. Alles wurde in einem Alubehälter angerichtet, sorgfältig verschlossen und mit Plastikbesteck und einer Serviette überreicht. Fürs Abendessen war eindeutig gesorgt – preiswert, köstlich und vor allem traditionell und von einem Einheimischen zubereitet, der sein Handwerk verstand.

POLPETTINE di BAR

{ GEBRATENE FLEISCHBÄLLCHEN }

150 G (1 MITTELGROSSE) KARTOFFEL

30 G BROT OHNE KRUSTE

80 ML MILCH

250 G RINDERHACK

1 EI

2 EL GEHACKTE GLATTE
PETERSILIENBLÄTTER

1 KNOBLAUCHZEHE, ZERDRÜCKT

½ TL FLOCKIGES MEERSALZ, PLUS ETWAS
ZUSÄTZLICH ZUM SERVIEREN

½ TL FRISCH GEMAHLENER PFEFFER

40 G FRISCH GERIEBENER PARMESAN

TRAUBENKERN-, ERDNUSS- ODER
SONNENBLUMENÖL, ZUM BRATEN

PANADE

WEIZENMEHL TYPE 550

1 EI, LEICHT VERQUIRLT MIT EINEM
SCHUSS MILCH

HAUSGEMACHTE FRISCHE SEMMELBRÖSEL

Früher haben wir solche Fleischbällchen in einer Sauce gegessen und dazu gab es Pasta, Kartoffelpüree oder Polenta, aber diese Polpettine schmecken auch als Fingerfood gut. Als ich vor Kurzem in Venedig war, wurde mir die Osteria La Vedova nicht nur von anderen Feinschmeckern in den Social Media empfohlen, sondern auch von meiner Gastgeberin Flavia, die mit dem Eigentümer befreundet ist. Man sagte mir, ich solle unbedingt die gebratenen Polpettine aus Fleisch probieren, da »sie dort schneller verkauft werden, als sie sie zubereiten können«. Als ich eines Abends durch die Gassen in der Nähe des Ca' d'Oro schlenderte, kam ich auch zum La Vedova. Ich stand in einer langen Schlange an der Bar und wartete auf meine Polpettine und ein Glas Prosecco. Das Warten hat sich auf jeden Fall gelohnt – kurz gebratene Fleischbällchen, außen knusprig und innen einfach köstlich, serviert in einer kleinen Serviette und mit ein paar Bissen aufgegessen.

Die ganze Kartoffel in einen Topf mit kaltem Wasser geben, bei geschlossenem Deckel zum Kochen bringen und etwa 30 Minuten gar kochen. Abgießen, schälen und mit einer Gabel oder einer Kartoffelpresse zerdrücken. Zum Abkühlen beiseitestellen.

Das Brot 5 Minuten in Milch einweichen, abgießen und die überschüssige Flüssigkeit ausdrücken. In eine große Schüssel geben.

Die pürierte Kartoffel und bis auf das Öl die restlichen Zutaten in die große Schüssel geben. Alle Zutaten mit einem großen Holzlöffel oder mit den Händen zu einer homogenen Masse vermengen.

Aus der Masse kleine Kugeln von jeweils etwa 20 g rollen.

Zum Panieren der Fleischbällchen das Mehl, die Eimischung und die Semmelbrösel auf drei separate Teller geben. Die Fleischbällchen nacheinander in dem Mehl, dann der Eimischung und zum Schluss den Semmelbröseln wenden. Auf einem Teller beiseitestellen.

In eine Pfanne mit schwerem Boden etwa 1 cm hoch Öl geben und auf mittlerer Stufe erhitzen. Die Fleischbällchen portionsweise etwa 3 Minuten braten, dabei wenden, bis sie gleichmäßig gegart und rundum schön gebräunt sind.

Die Fleischbällchen auf Küchenpapier abtropfen lassen und mit zusätzlichem Meersalz bestreut servieren.

ERGIBT ETWA 20 POLPETTINE

PANINO con PORCHETTA

{ PORCHETTA-BRÖTCHEN }

8 GROSSE KNOBLAUCHZEHEN, FEIN GEHACKT

1½ EL ROSMARINBLÄTTER, FEIN GEHACKT

1½ EL WILDER FENCHEL ODER FENCHELGRÜN, FEIN GEHACKT

2 GEHÄUFTE EL FLOCKIGES MEERSALZ, PLUS ETWAS ZUSÄTZLICH ZUM SERVIEREN

1 EL OLIVENÖL

3 KG SCHWEINEBAUCH, MIT LENDE UND SCHWARTE

BRÖTCHEN, ZUM SERVIEREN

Porchetta gehört in Mittelitalien zu den beliebtesten Streetfoods überhaupt. Verwenden Sie zu Hause ein Stück Schweinebauch, von dem weder die Lende noch die Schwarte entfernt wurden. Falls die Lende abgetrennt wurde, können Sie zusätzlich ein Stück Lende kaufen und in die Mitte des Schweinebauchs geben. Dieses Rezept stammt von der Schwester meiner Freundin Verdiana, die in Spoleto lebt. Die angegebene Menge ist ausreichend für zwölf hungrige Freunde oder Familienmitglieder. Es bleiben sogar noch Reste für einige Tage übrig.

Knoblauch, Rosmarin, Fenchel, Salz und Olivenöl in einer kleinen Schüssel zu einer Paste verrühren.

Die Fleischseite des Schweinebauchs kreuzweise einschneiden und die Paste mit den Fingerspitzen in das Fleisch massieren. Eng aufrollen und mit Küchengarn im Abstand von 6 cm fixieren. Die eingerollte Porchetta auf einen Rost in einer Bratform geben und offen über Nacht im Kühlschrank ruhen lassen (Ihr Kühlschrank wird wunderbar nach Knoblauch duften).

Das Fleisch aus dem Kühlschrank nehmen und mit Küchenpapier trockentupfen, wenn die Haut zu feucht ist. Das Fleisch vor dem Garen 1 Stunde zimmerwarm werden lassen.

Den Backofen auf 160 °C vorheizen.

Die Porchetta 3½ Stunden im Ofen garen. Am Ende des Garvorgangs die Temperatur auf 250 °C erhöhen (oder so hoch wie möglich) und unter regelmäßigem Wenden etwa 30 Minuten weitergaren. Dabei darauf achten, dass sie nicht verbrennt. Dieser letzte Schritt sorgt dafür, dass die Porchetta außen schön knusprig wird. Aus dem Ofen nehmen und offen mindestens 30 Minuten ruhen lassen.

Die Brötchen aufschneiden und den Porchetta in dünne Scheiben schneiden. Die Porchetta mit feinen Stücken der Kruste auf die unteren Brötchenhälften häufen. Mit Meersalz bestreuen und servieren.

OLIVE ALL'ASCOLANA

{ FRITTIERTE GEFÜLLTE OLIVEN }

OLIVENÖL, ZUM BRATEN UND FRITTIEREN

25 G KAROTTEN, FEIN GEWÜRFELT

25 G STAUDENSELLERIE, FEIN GEWÜRFELT

25 G ZWIEBEL, FEIN GEHACKT

75 G RINDERHACK

75 G SCHWEINEHACK

75 G HÄHNCHENHACK

4 EL TROCKENER WEISSWEIN

1 PRISE FRISCH GERIEBENE MUSKATNUSS

1 PRISE GEMAHLENE GEWÜRZNELKEN

20 G PARMESAN, FRISCH GERIEBEN

¼ TL ABGERIEBENE SCHALE VON
1 ZITRONE

10 G BROT OHNE KRUSTE, IN KLEINE
STÜCKE GEZUPFT

1 KLEINES EI, LEICHT VERQUIRLT

50 GROSSE GRÜNE OLIVEN

KNOBLAUCHMAYONNAISE (SEITE 257)
(OPTIONAL)

PANADE

WEIZENMEHL TYPE 550

1 EI, MIT EINEM SCHUSS MILCH LEICHT
VERQUIRLT

HAUSGEMACHTE FRISCHE SEMMELBRÖSEL

In der Region Marken gibt es diese herzhaften Häppchen an Imbisswagen zu kaufen – sie sind salzig, frittiert und machen extrem süchtig. Um wirklich authentisch zu sein, müssten sie mit in Lake eingelegten Oliven aus der Region, genannt Tenere Ascolane, zubereitet werden. Aber keine Sorge, andere große grüne Oliven eignen sich auch hervorragend. Sie werden mit drei Fleischsorten gefüllt, mit Semmelbröseln paniert und dann frittiert. Sie sind zwar etwas aufwendig zuzubereiten – ein Olivenentsteiner ist dabei eine große Hilfe –, machen aber viel her, wenn Gäste kommen!

Einen großzügigen Schuss Öl in einer Pfanne auf niedriger bis mittlerer Stufe erhitzen. Karotte, Sellerie und Zwiebel zugeben und unter gelegentlichem Rühren etwa 10 Minuten garen, bis das Gemüse weich, aber nicht gebräunt ist. Das Hackfleisch zugeben und unter häufigem Rühren einige Minuten bräunen. Die Hitzezufuhr erhöhen und den Wein zugießen. Häufig umrühren, bis der Wein verdunstet ist, dann die Mischung in eine Schüssel geben und zum Abkühlen beiseitestellen.

Die abgekühlte Mischung in eine Küchenmaschine geben und Muskatnuss, Gewürznelke, Parmesan, Zitronenschale, Brot und Ei zugeben. In mehreren Schüben zu einer Paste verarbeiten. In eine kleine Schüssel geben und bis zur Verwendung zugedeckt in den Kühlschrank stellen.

Für die Vorbereitung der Oliven die Steine mit einem Olivenentsteiner entfernen. Dann, am Stielende beginnend, die Olive von oben nach unten spiralförmig schneiden, als würde man einen Apfel schälen. Die Spirale kann dann geöffnet und gefüllt werden. Mit den restlichen Oliven ebenso verfahren.

Aus der Füllung kleine Kugeln in Olivenkerngröße formen, die Oliven damit füllen und die Spiralen schließen. Die Oliven sollten nur etwas größer als vor dem Entsteinen sein.

Zum Panieren der Oliven das Mehl, die Eimischung und die Semmelbrösel auf drei separate Teller geben. Die Oliven nacheinander zuerst in dem Mehl, dann in der Eimischung und zum Schluss in den Semmelbröseln wälzen. Für eine dickere Kruste können die Oliven auch doppelt paniert werden. Auf einem Teller beiseitestellen.

Reichlich Olivenöl in einem kleinen Topf auf 180 °C erhitzen. Die Oliven rundum goldgelb frittieren – dies nimmt weniger als 1 Minute in Anspruch. Auf Küchenpapier abtropfen lassen und nach Belieben mit Knoblauchmayonnaise warm servieren.

ERGIBT 50 FRITTIERTE OLIVEN

GNOCCO FRITTO

{ FRITTIERTES »GNOCCHI«-BROT }

300 G WEIZENMEHL TYPE 550

30 G KALTE BUTTER. GEWÜRFELT

2 TL TROCKENHEFE

150 ML LAUWARMES WASSER

1 GESTRICHENER TL SALZ

TRAUBENKERN-. ERDNUSS- ODER SONNENBLUMENÖL. ZUM FRITTIEREN

PROSCIUTTO ODER SALAMI IN SCHEIBEN. ZUM SERVIEREN

Als ich in Bologna zum ersten Mal ein Schild für frittierte Gnocchi gesehen habe, dachte ich, es wären frittierte Kartoffel-Gnocchi, also ging ich in den Laden und fragte nach. Als ich sie dann in einer Vitrine entdeckte, sahen sie wie dünne, rechteckige, luftig-leichte Teigstücke aus, mit Scheiben unterschiedlicher Salamisorten dazwischen. Der Ladeninhaber erklärte mir, dass sie frittiert und dann wie Brot gegessen werden. Und sie waren (zu meiner Überraschung) nicht aus Kartoffeln gemacht. Ich finde die regional unterschiedlichen Bezeichnungen toll! Wenn man Zweifel hat, sollte man immer einen Einheimischen fragen. Traditionell werden sie mit strutto (Schweineschmalz) zubereitet und auch darin frittiert, aber ich habe hier stattdessen Butter und Öl verwendet.

Das Mehl auf eine saubere Arbeitsfläche geben und in die Mitte eine kleine Mulde drücken. Die Butter in die Mulde geben und mit den Fingern in das Mehl kneten. Die Hefe darüberstreuen, dann nach und nach kleine Mengen Wasser zugeben und nach jeder Zugabe einarbeiten. Zum Schluss das Salz darüberstreuen und alles gut verbinden. Den Teig 10 Minuten kneten, bis er glatt, weich und elastisch ist. Alternativ kann der Teig auch mit einem Knethaken auf niedriger Stufe in einer Küchenmaschine zubereitet werden.

Den Teig in eine mittelgroße Schüssel geben, mit Frischhaltefolie abdecken und an einem warmen, vor Zugluft geschützten Ort 2 Stunden ruhen lassen, bis sich sein Volumen verdoppelt hat.

Den Teig auf eine leicht bemehlte Arbeitsfläche geben und zu einem 3–4 mm dicken Rechteck ausrollen. Mit einem gewellten Teigrad 8 cm x 10 cm große Rechtecke ausschneiden. Nach Belieben können auch Dreiecke oder Rauten ausgeschnitten werden.

Einen Topf mit schwerem Boden 3–4 cm hoch mit Öl füllen und auf 190 °C erhitzen. Einige Teigstückchen in das Öl geben, um die Temperatur zu testen. Fangen sie sofort an zu knistern, ist das Öl heiß genug. Vorsichtig 1–2 »Gnocchi« (je nach Größe des Topfes) in das Öl geben. Von jeder Seite 30–40 Sekunden frittieren – sie blähen sich dabei ziemlich stark auf. Sobald die eine Seite goldgelb ist, wenden und von der anderen Seite frittieren.

Auf Küchenpapier abtropfen lassen und mit Prosciutto- oder Salamischeiben warm oder abgekühlt servieren. Man kann die »Gnocchi« sogar wie ein Sandwich zusammenfalten.

Sie schmecken am Tag der Zubereitung am besten.

ERGIBT 15–20 »GNOCCHI«

ARROSTICINI

{ GEGRILLTE LAMMHÄPPCHEN }

500 G LAMMSCHULTER OHNE KNOCHEN,
IN 1 CM GROSSE WÜRFEL GESCHNITTEN

HOCHWERTIGES NATIVES OLIVENÖL EXTRA

FLOCKIGES MEERSALZ

CHILIFLOCKEN

KNUSPRIGES BROT MIT KRUSTE,
ZUM SERVIEREN

Überlieferungen zufolge waren Arrosticini das, was Schäfer früher aßen, wenn sie in den Hügeln der Abruzzen ihre Schafe hüteten. Sie brauchten nicht viel, um eine leckere Mahlzeit zuzubereiten – kleine Würfel aus Hammelfleisch, Salz, Spieße und ein offenes Feuer. Die Arrosticini, die man in Osterien, Bars und an Verkaufswagen findet, haben sich seit damals nicht viel verändert, außer dass sie heute oft auf einem langen Holzkohlegrill auf Drehspießen langsam und gleichmäßig gegart werden. Für mehr Aroma können Kräuter wie Rosmarin oder Salbei über die Holzkohlen gestreut werden. Außerdem ist eine Mischung aus fettem und magerem Fleisch sehr wichtig. Wenn es richtig authentisch sein soll, sollte man das Fleisch direkt von den Spießen und nicht mit einer Gabel essen. Zu Hause kann ein Grill mit Holzchips oder sogar ein Backofengrill auf hoher Stufe verwendet werden. Achten Sie darauf, die Spieße häufig zu wenden und das Fleisch nur gerade eben durchzugaren.

Bambusspieße, falls verwendet, 30 Minuten in kaltem Wasser einweichen, damit sie nicht verbrennen.

Einen Barbecue oder Grill auf hoher Stufe erhitzen.

Die Lammfleischwürfel auf die Spieße schieben, reichlich Pfeffer und einen Schuss Olivenöl darübergeben, dann auf den Barbecue oder Grill legen und unter häufigem Wenden etwa 5 Minuten gerade eben durchgaren.

Mit Meersalz und Chiliflocken würzen und mit ein wenig Olivenöl beträufeln. Mit Krustenbrot und einem Salat ergibt dies eine herrlich leichte Mahlzeit.

ERGIBT 8 SPIESSE

BOMBETTE PUGLIESI

{ MINI-ROULADEN AUS APULIEN }

500 G SCHWEINENACKEN ODER
-SCHULTER, IN 24 FEINE SCHEIBEN
GESCHNITTEN

150 G MILDER PANCETTA, IN FEINE
SCHEIBEN GESCHNITTEN

100 G PECORINO SARDO, IN SCHEIBEN
GESCHNITTEN

1 HANDVOLL PETERSILIENBLÄTTER

NATIVES OLIVENÖL EXTRA, ZUM
BESTREICHEN

Wenn Sie im Süden Apuliens ein Fest mit vielen Straßenständen besuchen, werden Sie vermutlich auch diese Bombette finden, »kleine Fleischbomben«, die ihren Namen ihrer Form verdanken. Hauchdünne Scheiben aus marmoriertem Schweinenacken werden mit einem Stück mittelaltem Schafskäse (typischerweise Canestrato pugliese, aber Pecorino sardo oder Caciocavallo sind ein guter Ersatz) gefüllt, auf Spieße geschoben und über heißen Kohlen geröstet. Sie können auch im Backofen gegart und dann einige Minuten unter einem heißen Backofengrill geröstet werden. Dazu schmeckt ausgezeichnet ein Glas Bier und ein Kartenspiel kann auch nicht schaden!

Den Backofen auf 200 °C vorheizen. Vier Holzspieße 30 Minuten in kaltem Wasser einweichen.

Die Fleischstücke mit der glatten Seite eines Fleischklopfers auf 2–3 mm Dicke flach klopfen. In 10 cm x 15 cm große Rechtecke schneiden und mit Salz und Pfeffer würzen. Eine Scheibe Pancetta, eine Scheibe Käse und einige Petersilienblätter auf jedes Rechteck geben, dann aufrollen und mit einem Zahnstocher fixieren. Mit den restlichen Zutaten ebenso verfahren.

Einen Barbecue oder Grill auf hoher Stufe erhitzen.

Sechs Bombette auf einen Holzspieß schieben und leicht mit Olivenöl bestreichen. Etwa 15 Minuten im Backofen rösten, dabei die Bombette alle 5 Minuten wenden, damit sie gleichmäßig gar werden. Mit etwas Olivenöl bestreichen, wenn sie trocken aussehen. Dann auf einem Grill oder Barbecue kurz knusprig braun werden lassen.

Die Bombette von den Spießen ziehen und servieren.

ERGIBT 24 BOMBETTE

LUGANEGA con ACETO

{ BRATWURSTHÄPPCHEN }

1 SCHUSS OLIVENÖL

4 HOCHWERTIGE BRATWÜRSTE AUS
UNGEWÜRZTEM SCHWEINEFLEISCH,
IN MUNDGERECHTE STÜCKE GESCHNITTEN

2 EL ROTWEINESSIG

2 EL BALSAMESSIG

Mehrere Mitglieder meiner großen Familien sind in Friaul-Julisch Venetien zu Hause. Bei meinem letzten Besuch habe ich meiner Cousine Edda von diesem Buch erzählt. Sie schlug vor, ich solle einen ihrer bevorzugten Streetsnacks – luganega con aceto – in das Buch aufnehmen. Luganega ist ein Wort aus dem regionalen Sprachgebrauch und bedeutet »Wurst«, in der Regel aus Schweinefleisch. Bei diesem Gericht wird die Wurst in der Pfanne gebraten und zum Schluss der Essig zugegeben. Der säuerliche Essig rundet das fette Schweinefleisch perfekt ab. Die mundgerechten Wursthäppchen können mit Spießen oder Zahnstochern gegessen werden. Im Friaul wird zu diesem Gericht oft Polenta gereicht.

Das Olivenöl in einer Pfanne bei mittlerer Temperatur erhitzen. Die Wurst zugeben und bei geschlossenem Deckel etwa 10 Minuten braten, bis sie gar ist. Die Wurst alle paar Minuten prüfen und gelegentlich wenden, damit sie gleichmäßig gart.

Die beiden Essigsorten in einer Schüssel sorgfältig verrühren. Wenn die Bratwurst gar ist, die Hitzezufuhr erhöhen und die Essigmischung zugeben. Einige Minuten mitkochen, bis etwas Flüssigkeit verdunstet ist. Die Wurststücke gut mit der Flüssigkeit vermengen, sodass sie rundum überzogen sind. Mit Zahnstochern und einem Glas Rotwein servieren.

{ BROTE UND BACKWAREN }

Focaccia Barese
Focaccia nach Bari-Art

Calzone con cipolla e olive
Calzone mit Zwiebel und Oliven

Fiadoni Abruzzesi
Fluffige Käsehäppchen

Taralli Napoletani
Neapolitanische Taralli

Crescentine
Fladenbrot aus der Pfanne

Rustico Leccese
Gefüllte Blätterteigtaschen aus Lecce

Tarallini Pugliesi
Tarallini aus Apulien

Rosette di pane
Rosetta-Brötchen

Pan di ramerino
Rosmarinbrötchen

Eine italienische Mahlzeit ohne Brot ist undenkbar. Je nachdem, wo genau in Italien man sich befindet, werden vor einer Mahlzeit *grissini* (Brotstangen) serviert oder Scheiben frisches Brot oder *crescentine* (kleine Fladenbrote, die auf speziellen Backplatten aus Terrakotta auf dem Feuer gebacken werden und eine Spezialität Mittelitaliens sind). Eine Mahlzeit ohne irgendeine Art von Brot wäre in der Tat fast unvollständig. Fidenzio, der Bruder meiner Mutter, war ein solcher Brotfan, dass meine Tante, wenn sie in einem Restaurant aßen, immer ein paar Brötchen für ihn in ihrer Handtasche hatte – nur für den Fall, dass für ihn nicht genug Brot da war. Er brauchte einfach zu jedem Happen seiner Mahlzeit auch einen Bissen Brot.

Das alte Handwerk des *fornaio* reicht bis in die Römerzeit zurück, als es in Rom 400 von der Regierung kontrollierte öffentliche Öfen gab. Damals wurde Brot mit *farro* (Emmer) als Getreide und ohne Hefe gebacken. Im Mittelalter wurden dem Teig bereits Öl, Butter, aromatische Kräuter, Trockenfrüchte und Gewürze hinzugefügt, sodass eine große Vielfalt herzhafter und süßer Hefebrote verfügbar war. Viele dieser älteren, traditionellen Rezepte wie zum Beispiel die für das toskanische *pan di ramerino* (Rosmarinbrötchen) wurden von Generation zu Generation weitergegeben und sind auch heute nicht in Vergessenheit geraten.

Wenn man einen *forno* (Bäckerei) betritt, wird man von einem unverkennbar wärmenden und wohltuenden Duft nach frisch gebackenem Brot empfangen. Traditionelle italienische Bäckereien haben einen eigenen Backofen, der häufig in einem Raum hinter dem Laden steht und durch eine Tür oder ein Fenster mit ihm verbunden ist. Mit etwas Glück kann man sogar einen Blick auf den *fornaio* bei der Arbeit erhaschen, der meistens eine dieser hohen weißen *toque da cuochi* (Kochmützen) trägt und die Brote mit einem langen Schieber aus dem Holzofen holt. Eine gute Bäckerei erkennt man an der Schlange von Menschen, die morgens darauf wartet, Brot und andere Backwaren zu kaufen, wenn die Laibe noch warm sind und wunderbar duften. Brot wird häufig von einem größeren Laib abgeschnitten und nach Gewicht verkauft. Italiener kaufen ihr Brot gern jeden Tag frisch und verwenden dann einen oder zwei Tage altes Brot für andere Zwecke (wie Crostini).

Die beste Zeit für einen Bäckereibesuch ist der Vormittag, wenn es Zeit ist für einen *spuntino* (Snack), obwohl man sich auf eine lange Schlange von Menschen gefasst machen muss. Zur Mittagszeit könnte man enttäuscht werden, weil die Regale dann meistens schon leer sind. Die regionalen Unterschiede bei Backwaren spiegeln die jeweilige Tradition wider, was für Touristen oft erfreulich, aber auch verwirrend ist, da es so viele unterschiedliche gebackene herzhafte Snacks gibt. Man findet *schiacciata* (eine Art Focaccia) in Florenz, *pizza bianca* (Pizza ohne Belag) in Rom, *taralli* (knusprige, zuerst gekochte, dann gebackene Teigringe) in Apulien und *fiadoni* (Halbmonde aus dünnem, brotähnlichem Teig mit Käse-Ei-Füllung) in den Abruzzen. Wenn Sie unschlüssig sind, was Sie kaufen sollen, schauen Sie einfach, was die anderen kaufen (vor allem, wenn es Einheimische sind). Sie wissen es zweifellos am allerbesten.

FOCACCIA BARESE

{ FOCACCIA NACH BARI-ART }

1 MITTELGROSSE KARTOFFEL (PONTIAC ODER DÉSIRÉE)

250 G WEIZENMEHL TYPE 405 ODER TYPE 550, PLUS ETWAS ZUSÄTZLICH ZUM BEMEHLEN

250 G FEINER HARTWEIZENGRIESS (SEMOLA RIMACINATA DI GRANO DURO)

6 G TROCKENHEFE

1 TL ZUCKER

350 ML LAUWARMES WASSER

1 TL SALZ

NATIVES OLIVENÖL EXTRA, ZUM EINFETTEN UND BETRÄUFELN

50 G OLIVEN, ENTSTEINT, HALBIERT

200 G REIFE KIRSCHTOMATEN ODER ANDERE KLEINE TOMATEN, HALBIERT ODER GEVIERTELT

GETROCKNETER OREGANO, ZUM BESTREUEN

Ich habe diese Focaccia zum ersten Mal in Bari in einer engen Gasse abseits der ausgetretenen Pfade in einer kleinen Bäckerei namens Panificio Santa Rita gekauft. Ich stand am Vormittag draußen vor der Tür, als ein Einheimischer nach dem anderen mit einem Stück mit leuchtend roten Tomaten belegtem Fladenbrot in der Hand herauskam. Sie standen draußen zusammen, aßen ihre Focaccia und plauderten zwischen jedem Bissen angeregt miteinander. Von dem fornaio (Bäcker) erfuhr ich dann, dass der Teig aus Kartoffeln gemacht wird und dass ich Glück hatte, noch ein Stück abzubekommen, da er normalerweise um diese Zeit ausverkauft war. Und ich konnte schmecken, warum – innen war die Focaccia saftig, außen knusprig, und die süßlichen Tomaten und salzigen Oliven sorgten für einen köstlichen Imbiss. Sie können auch mit anderen Toppings experimentieren, aber traditionell sind es Tomaten, Oliven und Oregano.

Die Kartoffel in einem kleinen Topf mit kaltem Wasser zum Kochen bringen. Etwa 30 Minuten kochen, bis sie sich leicht mit einer Gabel einstechen lässt. Abgießen, schälen und mit einer Gabel oder einer Kartoffelpresse zerdrücken. Es werden 150 g gegarte Kartoffel benötigt.

Das Mehl, den Hartweizengrieß, die Trockenhefe und den Zucker in einer großen Schüssel vermischen. Die warme Kartoffel und das lauwarme Wasser zugeben. Mit einem Holzlöffel verrühren, dann das Salz zugeben. Alle Zutaten zu einem Teig verbinden, auf eine reichlich bemehlte Arbeitsfläche geben und einige Minuten glatt kneten. Den Teig halbieren und einige Male übereinanderfalten.

Den Boden und die Seiten von zwei Tarteformen (22 cm Durchmesser) mit Öl einfetten. Die Teigballen mit der Naht nach unten in die Mitte der beiden Formen setzen und mit sauberen Geschirrtüchern abdecken. An einem vor Zugluft geschützten Ort mindestens 1 Stunde gehen lassen, bis sich ihr Volumen verdoppelt hat.

Den Backofen auf 200 °C vorheizen.

Mit reichlich eingeölten Händen den Teig aus den Formen nehmen, umdrehen und auf die Seite ohne Naht legen. Den Teig mit den Fingern in die Formen drücken, sodass überall auf der Oberfläche kleine Dellen zurückbleiben. Die Oliven und die Tomaten in die Dellen drücken, dann etwas getrockneten Oregano darüberstreuen. Mit Olivenöl beträufeln. 30 Minuten backen, bis die Focacce aufgegangen und goldgelb sind.

Warm genießen.

ERGIBT 2 GROSSE FOCACCE

CALZONE con CIPOLLA e OLIVE

{ CALZONE MIT ZWIEBELN UND OLIVEN }

TEIG

500 G WEIZENMEHL TYPE 550, PLUS ETWAS
ZUSÄTZLICH ZUM BEMEHLEN

6 G TROCKENHEFE

90 ML NATIVES OLIVENÖL EXTRA

200 ML LAUWARMES WASSER

½ TL SALZ

1 KLEINES EI, MIT EINEM SCHUSS MILCH
VERQUIRLT

FÜLLUNG

2 EL OLIVENÖL, PLUS ETWAS ZUSÄTZLICH
ZUM EINFETTEN

400 G LAUCH, NUR DER WEISSE TEIL,
GEPUTZT UND IN RINGE GESCHNITTEN

5 FRÜHLINGSZWIEBELN, IN RINGE
GESCHNITTEN

600 G BRAUNE ODER WEISSE ZWIEBELN,
GEHACKT

100 G (¼ DOSE) STÜCKIGE TOMATEN,
ABGETROPFT

100 G SULTANINEN

100 G GRÜNE OLIVEN, ENTSTEINT

½ TL SALZ

½ TL PFEFFER

10 EINGELEGTE SARDELLENFILETS

Wenn wir von einer »Calzone« sprechen, denken wir an eine Pizza, die zu einer Tasche gefaltet und mit Käse und anderen Zutaten gefüllt ist. In der südlichen Region von Apulien ist eine Calzone etwas völlig anderes. Der Panificio Fiore in der Altstadt von Bari ist weithin bekannt für seine Calzone, für die zur Mittagszeit viele in den engen Gassen Schlange stehen. Die in Stücken verkaufte Zwiebel-Calzone schmeckt fantastisch und ist ein sättigender Imbiss für unterwegs. Diese Calzone hier wird mit süßlichen Zwiebeln und Sultaninen gefüllt, die einen tollen Kontrast zu den herben Oliven und Sardellen abgeben. Mit einem Salat als Beilage wird diese Calzone zu einer köstlichen Mahlzeit.

Für den Teig das Mehl in eine große Schüssel geben, die Hefe darüberstreuen und leicht vermischen. Das Öl zugießen und mit einem Holzlöffel oder den Fingern gründlich einarbeiten. Das Wasser nach und nach zugeben und mit den Händen einarbeiten. Zum Schluss das Salz darüberstreuen, auf eine reichlich bemehlte Arbeitsfläche geben und 10 Minuten zu einem glatten, elastischen Teig kneten. Alternativ kann für die Zubereitung des Teigs auch eine Küchenmaschine mit Knethaken verwendet werden. Keine Sorge, wenn der Teig ein wenig trocken aussieht. Den Teig in eine große Schüssel geben, mit Frischhaltefolie zudecken und an einem warmen, vor Zugluft geschützten Ort 2 Stunden ruhen lassen, bis sich sein Volumen verdoppelt hat.

In der Zwischenzeit für die Füllung das Öl in einer Pfanne mit schwerem Boden auf niedriger bis mittlerer Stufe erhitzen. Lauchringe, Frühlingszwiebeln und Zwiebeln zugeben, den Deckel auflegen und unter regelmäßigem Umrühren 30 Minuten garen. Die Zwiebeln sollten weich, glasig und leicht karamellisiert sein. Dann Tomaten, Sultaninen, Oliven sowie Salz und Pfeffer zugeben und weitere 15 Minuten mitgaren. Sollte überschüssige Flüssigkeit am Ende des Garvorgangs vorhanden sein, die Mischung durch ein Sieb abseihen und vollständig abkühlen lassen.

Den Backofen auf 180 °C vorheizen. Den Boden und die Seiten einer Tarteform mit herausnehmbarem Boden (28 cm Durchmesser) mit Alufolie auslegen und leicht mit Olivenöl einfetten.

Den Teig halbieren – die eine Hälfte sollte etwas größer sein als die andere. Das größere Teigstück auf einer reichlich bemehlten Arbeitsfläche zu einem

»

Kreis von 38 cm Durchmesser ausrollen. Den Teig in die Form geben, behutsam auf dem Boden und an den Seiten festdrücken, dabei etwas Teig über den Rand hängen lassen. Die abgekühlte Füllung auf den Teig in die Form geben, dann die Sardellen strahlenförmig darauf auslegen. Das zweite Teigstück so groß ausrollen, dass es die Füllung bedeckt. Die Teigplatte auf die Füllung legen und den überschüssigen Teig vom Boden über den oberen Teigrand legen und leicht andrücken, sodass die Calzone gut versiegelt ist. Überschüssigen Teig abschneiden.

CALZONE con CIPOLLA e OLIVE

Mit einem scharfen Messer eine Öffnung in die Mitte des Teigdeckels schneiden, sodass die Luft während des Backens entweichen kann. Die Oberseite mit der Ei-Milch-Mischung bestreichen.

Etwa 1 Stunde backen, bis die Oberseite goldbraun und die Calzone gut durchgebacken ist. Sie wird sich während des Backens ziemlich aufblähen und beim Abkühlen wieder zusammenfallen.

Warm oder zimmerwarm servieren. Die Calzone hält sich zugedeckt im Kühlschrank 3–4 Tage.

ERGIBT 8 PORTIONEN

FIADONI ABRUZZESI

{ FLUFFIGE KÄSEHÄPPCHEN }

Als ich in den Abruzzen war, habe ich Fiadoni direkt aus dem Backofen probiert – sie waren noch warm, schmeckten nach Käse und waren wunderbar leicht. Aus dem dünnen, brotähnlichen Teig werden Kreise ausgeschnitten, die zuerst mit Käse und Ei belegt und dann zu einem Halbmond zusammengefaltet werden. Zum Schluss werden die Ränder mit den Zacken einer Gabel fest verschlossen. Mit einem Messer die Oberseite leicht einschneiden, damit während des Backens etwas Käse austreten kann. Diese herzhaften Fiadoni sollten nicht mit der süßen Version aus Korsika verwechselt werden.

TEIG

300 G WEIZENMEHL TYPE 550, PLUS ETWAS ZUSÄTZLICH ZUM BEMEHLEN

3 EIER, LEICHT VERQUIRLT

100 ML NATIVES OLIVENÖL EXTRA

100 ML TROCKENER WEISSWEIN

1 SCHUSS MILCH

FÜLLUNG

175 G RIGATINO-KÄSE (ERSATZWEISE PECORINO SARDO ODER PECORINO TOSCANO), GERIEBEN

150 G FRISCH GERIEBENER PARMESAN

2 EIER, LEICHT VERQUIRLT

4 G TROCKENHEFE

Das Mehl mit 1 Prise Salz in eine große, weite Schüssel geben und in die Mitte des Mehls eine Mulde drücken. In einer kleineren Schüssel 2 der Eier mit dem Olivenöl und dem Wein verquirlen. Die Eimischung in die Mulde gießen. Die Mischung mit einem Holzlöffel verbinden, dann den Teig mit den Händen durchkneten. Auf eine leicht bemehlte Arbeitsfläche geben und 2 Minuten glatt kneten. Der Teig wird ziemlich weich, dehnbar und geschmeidig sein. In Frischhaltefolie wickeln und 30 Minuten ruhen lassen. In der Zwischenzeit die Füllung zubereiten.

Für die Füllung den Käse, die Eier, die Hefe und den schwarzen Pfeffer nach Belieben in einer Schüssel verrühren. Mit einem Löffel zu einer homogenen Masse verbinden, dann beiseitestellen.

Den Backofen auf 200 °C vorheizen. Ein Backblech mit Backpapier auslegen.

Den Teig in zwei Hälften teilen. Die Teighälften nacheinander auf einer leicht bemehlten Arbeitsfläche 2 mm dick ausrollen. Der Teig wird dehnbar und stabil sein. Mit einem runden Ausstecher 10 cm große Kreise ausstechen, dann die einzelnen Kreise nochmals etwas größer ausrollen, da sie sich gern zusammenziehen. Dann 1 TL der Füllung in die Mitte jedes Teigkreises geben, den Teigkreis zu einem Halbmond zusammenlegen und die Teigränder zum Versiegeln mit den Fingern zusammendrücken, dabei darauf achten, dass keine Luft eingeschlossen ist. Mit den Zacken einer Gabel die Ränder nochmals zusammendrücken. Auf das vorbereitete Backblech legen.

Das restliche Ei mit der Milch verquirlen und die Oberseite der Fiadoni leicht damit bestreichen. Die Oberseite jedes Halbmondes leicht einschneiden.

20–25 Minuten backen, bis die Oberseite blassgelb ist und sie gut durchgebacken sind. Sie schmecken am besten warm, können aber in einer Frischhaltebox im Kühlschrank 1–2 Tage aufbewahrt werden.

ERGIBT 20–24 FIADONI

TARALLI NAPOLETANI

{ Neapolitanische Taralli }

110 G GANZE MANDELN (JE KLEINER, DESTO BESSER)

500 G WEIZENMEHL TYPE 550, PLUS ETWAS ZUSÄTZLICH ZUM BEMEHLEN

8 G TROCKENHEFE

210 ML LAUWARMES WASSER

160 ML NATIVES OLIVENÖL EXTRA

2 TL FRISCH GEMAHLENER SCHWARZER PFEFFER

3 TL SALZ

1 SCHUSS MILCH, ZUM BESTREICHEN

Taralli Napoletani sind würzig-herzhafte Teigringe, die traditionell mit strutto, das heißt mit Schmalz aus dem Fett vom Schweinerücken, zubereitet werden. Dadurch werden sie unglaublich knusprig und sehr lecker. Da strutto jedoch nicht jedermanns Geschmack ist (und außerdem außerhalb Italiens schwer zu finden), wird diese Version hier mit Olivenöl zubereitet. Sie werden nicht ganz so knusprig wie die, die man in den Straßen Neapels findet, sind aber genauso lecker und passen vor allem gut zu einem Glas Rosé und einem Abend mit Freunden.

Zu große Mandeln der Länge nach halbieren und beiseitestellen.

Das Mehl mit der Hefe in einer großen Schüssel vermischen. Das Wasser und das Öl zugeben und mit einem Holzlöffel vermengen. Pfeffer, Salz und Mandeln zugeben und alles mit den Händen vermischen. Auf eine leicht bemehlte Oberfläche geben und einige Minuten zu einer homogenen und ziemlich glatten Masse kneten. Aus der Masse kleine, etwa 40 g schwere Teigkugeln rollen und auf ein mit Backpapier ausgelegtes Backblech setzen. Mit einem sauberen Geschirrtuch zudecken und etwa 30 Minuten ruhen lassen.

Den Backofen auf 175 ° vorheizen.

Eine Teigkugel auf eine gut bemehlte Arbeitsfläche geben. Mit den Fingerspitzen die Teigkugel zu einer Rolle von etwa 22–24 cm Länge auseinanderziehen und rollen. Die Rolle sollte 22–24 cm lang sein. Die Enden der Rolle zu einem großen Ring zusammenfügen. Dies kann ein wenig schwierig sein, da die Mandeln gern aus dem Teig fallen. Ist dies der Fall, die Mandeln zurück in den Teig schieben. Auf ein mit Backpapier ausgelegtes Backblech setzen und mit den restlichen Teigkugeln ebenso verfahren. Die Teigringe mit einem sauberen Geschirrtuch zudecken und weitere 30 Minuten ruhen lassen.

Die Taralli mit etwas Milch bestreichen und 40 Minuten goldgelb backen. Die Taralli halten sich in einer Frischhaltebox bis zu 1 Woche.

ERGIBT ETWA 24 TARALLI

CRESCENTINE

{ FLADENBROT AUS DER PFANNE }

250 G WEIZENMEHL TYPE 550, PLUS ETWAS
ZUSÄTZLICH ZUM BEMEHLEN

3 G TROCKENHEFE

85 ML LAUWARMES WASSER

50 ML LAUWARME MILCH

3 TL OLIVENÖL

1 TL SALZ

12 FEINE SCHEIBEN PROSCIUTTO ODER
LARDO, ZUM SERVIEREN

200 G BÜFFELMOZZARELLA (SIEHE
SEITE 18) ODER STRACCHINO, IN SCHEIBEN
GESCHNITTEN, ODER 50 G PARMESAN,
GEHOBELT

Als ich letztes Jahr durch Italien gereist bin, habe ich meine Freundin Laura, die in Bologna lebt, nach dem beliebtesten Streetfood in ihrer Stadt gefragt. »Tigelle, ganz klar«, antwortete sie. »Wir genießen sie mit etwas Prosciutto oder Käse zu einem Glas Wein.«

Als ich tigelle nachschlug, stellte ich fest, dass dies eigentlich der Name des traditionellen Terrakotta-Eisens ist, in dem sie gebacken werden. Das Brot heißt crescentina oder crescenza. Die meisten Leute kennen es jedoch als tigelle. Sie können auch ohne moderne Tigelle aus Eisen leicht zu Hause zubereitet werden, da der Hefeteig in einer beschichteten Pfanne gebacken werden kann.

Das Mehl und die Hefe in eine mittelgroße Schüssel geben und leicht vermischen. In einer zweiten Schüssel das Wasser mit der Milch vermischen, dann das Mehl zugeben. Zum Schluss das Öl zugeben und alles mit den Händen zu einem homogenen Teig verkneten. Den Teig auf eine leicht bemehlte Arbeitsfläche geben und das Salz darüberstreuen. Etwa 10 Minuten zu einem glatten, dehnbaren Teig verkneten. Alternativ kann der Teig auch mit einem Knethaken in einer Küchenmaschine zubereitet werden. In eine große Schüssel geben, mit Frischhaltefolie zudecken und mindestens 1 Stunde oder bis das Volumen sich verdoppelt hat, an einem vor Luftzug geschützten Ort gehen lassen.

Den Teig auf einer leicht bemehlten Arbeitsfläche 3–4 mm dick ausrollen. Aus dem Teig mit einem runden Ausstecher Kreise von 8 cm Durchmesser ausstechen. Die Teigreste erneut verkneten und ausrollen, um so viele Teigfladen wie möglich zu erhalten.

Eine große, beschichtete Pfanne auf niedriger bis mittlerer Stufe erhitzen. Die Teigkreise von jeder Seite etwa 3 Minuten backen, bis sie gar sind. Sie sollten schön aufgehen und goldgelb werden.

Die Fladen in der Mitte durchschneiden (wie ein Brötchen) und gefüllt mit Prosciutto oder anderem Schinken und einem Weichkäse wie frischem Büffelmozzarella oder Stracchino warm genießen. Ich esse sie am liebsten mit feinen Scheiben Lardo und gehobeltem Parmesan.

ERGIBT 10–12 CRESCENTINE

RUSTICO LECCESE

{ GEFÜLLTE BLÄTTERTEIGTASCHEN AUS LECCE }

20 G BUTTER

20 G WEIZENMEHL TYPE 550, PLUS ETWAS ZUSÄTZLICH ZUM BEMEHLEN

120 ML MILCH

1 PRISE GEMAHLENE GEWÜRZNELKE

80 G GEREIFTER MOZZARELLA ODER SCAMORZA (SIEHE SEITEN 18–19), ZIMMERWARM, IN KLEINE WÜRFEL GESCHNITTEN

200 G (½ DOSE) STÜCKIGE TOMATEN

½ TL NATIVES OLIVENÖL EXTRA

375 G HANDELSÜBLICHER BLÄTTERTEIG

1 KLEINES EI, LEICHT VERQUIRLT

Rustico Leccese ist ein typisches Streetfood aus Lecce in Apulien. Es ähnelt einer Blätterteigpastete mit Deckel, aber einer sehr italienischen, die mit Mozzarella, Tomate und Béchamelsauce gefüllt ist. Für die Rustici kann im Laden gekaufter Blätterteig verwendet werden.

Für die Béchamelsauce die Butter mit dem Mehl in einem kleinen Topf bei schwacher Temperatur zerlassen, dabei unablässig rühren, bis die Mischung wie nasser Sand aussieht. Langsam, nach und nach und unter ständigem Rühren die Milch zugießen, bis sich alles gut verbunden hat. Einige Minuten weiter-rühren, bis die Mischung andickt. Den Topf von der Kochstelle nehmen und eine kräftige Prise Salz sowie die Muskatnuss unterrühren. Den Mozzarella zugeben und unter Rühren schmelzen lassen. In eine Schüssel geben und zum Abkühlen beiseitestellen.

Die stückigen Tomaten in ein Sieb geben und fest nach unten drücken, um so viel überschüssige Flüssigkeit wie möglich auszudrücken. In eine Schüssel geben, Olivenöl, Salz und Pfeffer nach Belieben zugeben, alles sorgfältig verrühren und beiseitestellen.

Den Blätterteig auf einer leicht bemehlten Arbeitsfläche 3 mm dick ausrollen. Mit einem runden Ausstecher von 8 cm Durchmesser und einem runden Ausstecher von 10 cm Durchmesser jeweils 6 Kreise von jeder Größe ausste-chen. Der kleinere Kreis wird der Boden des Rusticos sein, der größere der Deckel. Eventuell müssen die Teigreste für die korrekte Anzahl erneut verkne-tet und ausgerollt werden. Die kleineren Kreise auf ein mit Backpapier aus-gelegtes Backblech legen.

2 TL der abgekühlten Béchamelsauce auf jeden der kleineren Kreise geben, dabei einen 1 cm breiten Rand frei lassen. 2 TL der Tomatenmischung auf die Béchamelsauce geben, dann mit einem kleinen Pinsel (oder dem Finger) etwas von dem verquirlten Ei auf die Ränder der Kreise streichen. Die größeren Teigkreise darauflegen und die Ränder mit den Fingern zusammendrücken. Die Oberseite jedes Rusticos mit Ei bestreichen, dann mindestens 45 Minuten bis zu 1 Stunde in den Kühlschrank stellen, damit der Teig fest wird.

Den Backofen auf 200 °C vorheizen.

Die Rustici 20 Minuten backen, bis sie aufgegangen und goldgelb sind. Vor dem Verzehr 5–10 Minuten abkühlen lassen.

ERGIBT 8 RUSTICI

TARALLINI PUGLIESI

{TARALLINI AUS APULIEN}

500 G WEIZENMEHL TYPE 550. PLUS ETWAS
ZUSÄTZLICH ZUM BEMEHLEN

200 ML TROCKENER WEISSWEIN.
ZIMMERWARM

130 ML NATIVES OLIVENÖL EXTRA

1 TL MEERSALZ

1½ TL FENCHELSAMEN

Tarallini sind kleine Taralli aus der Region Apulien, die an der Adriaküste im Süden Italiens liegt. Sie werden normalerweise mit Fenchelsamen gewürzt, aber man kann auch Chiliflocken oder Pfeffer verwenden. Die durch das Kochen und Backen schön knusprigen Tarallini sind ein idealer Begleiter zu einem Glas Wein.

Alle Zutaten in eine große Schüssel geben und mit einem Holzlöffel sorgfältig verrühren. Den Teig auf eine leicht bemehlte Arbeitsfläche geben und etwa 12 Minuten kneten. Alternativ kann auch eine Küchenmaschine mit Knethaken verwendet werden. Der Teig wird glatt und weich sein.

Aus dem Teig etwa 25 g schwere Kugeln formen und diese dann zu 10 cm langen Rollen ausrollen. Die beiden Enden leicht übereinanderlegen und zu einem Ring zusammendrücken. Mit dem restlichen Teig wiederholen, bis etwa 35 Ringe entstanden sind.

Wasser in einem mittelgroßen Topf zum Kochen bringen. Portionsweise 5–7 Teigringe etwa 1 Minute kochen, bis sie an die Oberfläche steigen. Mit einem Schaumlöffel aus dem Topf nehmen und zum Abtropfen auf ein sauberes Geschirrtuch legen. Dann auf ein Kuchengitter legen und 8 Stunden oder über Nacht in den kalten Ofen mit leicht geöffneter Tür stellen.

Die Teigringe aus dem Ofen nehmen und den Backofen auf 200 °C vorheizen. Ein Backblech mit Backpapier auslegen.

Die Tarallini auf das vorbereitete Blech legen und 30–35 Minuten goldgelb backen – ein Tarallini in der Mitte durchbrechen, um zu prüfen, ob es gar ist. Auf einem Kuchengitter abkühlen lassen.

Die Tarallini halten sich in einer Frischhaltebox mehrere Wochen.

ERGIBT ETWA 35 TARALLINI

ROSETTE di PANE

{ ROSETTA-BRÖTCHEN }

500 G WEIZENMEHL TYPE 812 ODER 1050
(SIEHE SEITE 17)

5 G FRISCHE HEFE. ZERKRÜMELT

50 G WEIZENMEHL TYPE 550

25 ML WASSER

1 TL ZUCKER

2 TL SALZ

OLIVENÖL. ZUM BESTREICHEN

Rosette – Brötchen, deren Form an eine aufgehende Rose erinnert – sind auch als rosette soffiate bekannt, was so viel wie »aufgeblasen« oder »aufgeplustert« bedeutet. Sie haben eine ziemlich krosse Kruste und sollten innen hohl sein, weil sie dann sehr gut mit allen möglichen Leckereien wie Porchetta (Seite 143) oder Tartufata (Seite 104) gefüllt werden können. Die Zubereitung nimmt einige Tage in Anspruch und dies hier ist das einzige Rezept mit frischer Hefe in diesem Buch. So besondere Dinge verdienen Authentizität und mit Trockenhefe wollten sie mir einfach nicht gelingen. Außerdem empfehle ich, diesen Teig in einer mit Knethaken ausgestatteten Küchenmaschine zuzubereiten. Ich habe für die typische Form der Brötchen einen Apfelschneider (in den meisten Kaufhäusern erhältlich) verwendet.

Keine Sorge, wenn Ihre Brötchen innen nicht hohl sind. Für den Belag einfach etwas von der mollica (die weiche Krume im Inneren) herausnehmen.

Das Mehl, 250 ml Wasser und die frische Hefe in die Schüssel einer Küchenmaschine geben und mit einem Knethaken auf niedriger Stufe 5 Minuten kneten. Der Teig wird ziemlich weich, aber nicht besonders glatt sein. In eine Schüssel geben, mit Frischhaltefolie abdecken und an einem warmen Ort 16–18 Stunden ruhen lassen.

Den Teig zurück in die Schüssel der Küchenmaschine geben, bis auf das Olivenöl die restlichen Zutaten zugeben und mit einem Knethaken auf niedriger Stufe 14 Minuten kneten. Der Teig sollte glatt und ziemlich weich sein. Auf eine saubere Arbeitsfläche geben und mit den Handflächen jeweils 80 g Teig zu glatten Kugeln ausrollen.

Die Teigkugeln mit Olivenöl bestreichen, dann mit der Handfläche leicht flach drücken. Mit einem Apfelschneider die Oberseite jedes Brötchens bis fast zum Teigboden ein-, aber nicht durchschneiden. Die Teigkugeln mit der »Rose« nach unten und mit reichlich Abstand auf ein mit Backpapier ausgelegtes Backblech setzen. Mit einem feuchten Geschirrtuch zudecken und an einem warmen Ort 2–3 Stunden gehen lassen.

Den Backofen auf 220 °C vorheizen. Ein kleines, hitzebeständiges Glas mit Wasser an der Ofenrückwand auf ein zweites Backblech stellen. (Der Wasserdampf sorgt dafür, dass die Außenseite der Brötchen knusprig und hart wird.)

Die Rosette 22 Minuten goldgelb backen. Auf einem Kuchengitter abkühlen lassen.

ERGIBT 10 ROSETTE

PAN di RAMERINO

{ ROSMARINBRÖTCHEN }

100 G SULTANINEN

125 ML VIN SANTO (DESSERTWEIN)

250 G WEIZENMEHL TYPE 405 (SIEHE SEITE 17), PLUS ETWAS ZUSÄTZLICH ZUM BEMEHLEN

250 G WEIZENMEHL TYPE 812 ODER 1050 (SIEHE SEITE 17)

5 G TROCKENHEFE

100 G EXTRAFEINER ZUCKER

170 ML LAUWARMES WASSER

2 GESTRICHENE TL SALZ

1 EIGELB, MIT 1 EL WASSER AUFGESCHLAGEN

ROSMARINÖL

100 ML HOCHWERTIGES NATIVES OLIVENÖL EXTRA

20 G ROSMARINBLÄTTER

ZUCKERSIRUP

110 G ZUCKER

½ TL VANILLEPASTE

Die Bekanntschaft mit diesen Brötchen verdanke ich einer australischen Freundin, die in Florenz lebt. Wir hatten den Tag damit verbracht, gemeinsam durch Delikatessenläden und Bäckereien zu stöbern. Zum Schluss überreichte sie mir eine Tüte mit pan di ramerino, »falls du auf der Reise zurück nach Rom hungrig wirst«. Ich dankte ihr, dachte aber, dass dies sehr unwahrscheinlich wäre, da wir den ganzen Tag über gegessen hatten. Als ich die Papiertüte öffnete und mir der süße Rosmarinduft in die Nase stieg, konnte ich nicht widerstehen und musste es sofort probieren.

Für das Rosmarinöl das Öl und die Rosmarinblätter in einem kleinen Topf auf niedriger Stufe 10 Minuten ziehen lassen. Den Topf von der Kochstelle nehmen und das Öl durch ein feines Sieb abseihen. Das Öl beiseitestellen und den Rosmarin wegwerfen.

Die Sultaninen mit 125 ml Wasser und dem Vin Santo in eine Schüssel geben. 15 Minuten ziehen lassen, dann abgießen und überschüssige Flüssigkeit aus den Sultaninen ausdrücken.

Die beiden Mehlsorten, die Hefe und den Zucker in einer großen Schüssel vermengen. Das lauwarme Wasser zugießen und mit einem Holzlöffel verrühren. Dann das Rosmarinöl und das Salz sorgfältig unterrühren. Den Teig auf eine bemehlte Arbeitsfläche geben und 5 Minuten glatt kneten. Die Sultaninen zugeben und weitere 5 Minuten kneten. In eine Schüssel geben, mit Frischhaltefolie abdecken und an einem warmen Ort 2 Stunden gehen lassen. (Der Teig sollte an Volumen zugenommen, sich aber nicht verdoppelt haben.)

Den Teig in zwölf Kugeln aufteilen und diese dann auf ein mit Backpapier ausgelegtes Backblech setzen. Mit einem Geschirrtuch zudecken und an einem vor Zugluft geschützten Ort 1 Stunde ruhen lassen.

Die Brötchen mit der Eimischung bestreichen, mit Frischhaltefolie zudecken und weitere 30 Minuten ruhen lassen. Den Backofen auf 200 °C vorheizen.

Für ein traditionelles Aussehen die *pan di ramerino* mit der Spitze eines scharfen Messers kreuzförmig einschneiden. In 20–25 Minuten goldbraun backen.

In der Zwischenzeit den Zuckersirup zubereiten. Zucker, Vanillepaste und 125 ml Wasser in einem kleinen Topf zum Kochen bringen. Die Hitzezufuhr reduzieren und in etwa 8 Minuten um die Hälfte reduzieren.

Die Brötchen auf ein Kuchengitter geben und mit dem Zuckersirup bestreichen. Morgens zum Tee oder Kaffee warm genießen.

ERGIBT 12 ROSMARINBRÖTCHEN

il PASTiCCiB

{ SÜSSE LECKEREIEN }

Rococò
Süße Weihnachtskringel

Babà al rhum
Baba au rhum

Cassatelle
Gebäcktaschen mit Zitronenricotta

Crema fritta
Frittierte Vanillecremewürfel

Fritole Triestine
Apfelkrapfen

Sfogliatelle con pasta frolla
Sfogliatelle aus Mürbeteig

Ciambelle
Italienische Donuts

Raviole Bolognesi
Süße gefüllte Raviole

Cannoli al cacao con ricotta
Kakao-Cannoli mit Ricotta

Crostoli
Süße frittierte Engelsflügel

Torcinelli
Kartoffel-Fritter mit Anis

Taralli al limone
Zitronen-Taralli

Pardule
Sardische Ricottaküchlein

Castagnole di ricotta
Süße Ricottabällchen

Die Kuchen und süßen Leckereien auf traditionellen Straßenmärkten wurden zur Feier des Karnevals hergestellt, der in den Tagen vor der Fastenzeit stattfindet. Dem *frittolaro* aus Venetien und dem *zeppolaio* aus Neapel und Umgebung wurden früher die besten Plätze auf der Piazza oder entlang der Straße zugeteilt, damit sie dort ihre süßen, duftenden, in heißem Öl frittierten Hefeteigkugeln, genannt *frittelle* (oder *fritole*) und *zeppole*, verkaufen konnten. Beide sind eine Art Krapfen oder Donut, die mit Mehl, Eiern und Zucker zubereitet und häufig mit Trockenfrüchten und Zitruszesten verfeinert werden.

Viele frittierte italienische Gebäcksorten sind typisch für die Fastenzeit. Zu den beliebtesten zählt das sizilianische Cannolo, dessen Ursprünge bis in die Zeit der arabischen Eroberung Siziliens zurückreichen. Deshalb sagen einige auch, die Frauen in einem Harem in Caltanisetta hätten römische und arabische Gerichte kombiniert und das Ergebnis wären dann diese mit cremig-süßem Ricotta gefüllten Teigröllchen gewesen. Andere behaupten, sie seien nach der Auflösung der

Harems in den Frauenklöstern erfunden worden. Trotz seines ungewissen Ursprungs hat das Cannolo die Zeiten überdauert und ist zu einem der beliebtesten süßen Streetfoods Italiens geworden. Es gibt sogar Volksfeste zu Ehren der Cannoli, zum Beispiel die Sagra del Cannolo Siciliano in Palermo, wo die süßen Teigrollen mit frischem, süßem Schafsmilchricotta gefüllt und mit Nüssen garniert werden.

Die meisten traditionellen frittierten und gebackenen Leckereien findet man heute das ganze Jahr über in den *pasticcerie* (Konditoreien), wo der *pasticciere* (Konditor) den *frittolaro*, den *zeppolaio* sowie die Frauen in den Harems und Klöstern abgelöst hat.

Italiener lieben süßes Gebäck zum Frühstück. Der Tag eines *pasticciere* beginnt deshalb sehr früh morgens, da mit Marmelade gefüllte *cornetti* (italienische Croissants) und mit Vanillecreme gefüllte *bomboloni* (Krapfen) an die einheimischen Bars geliefert werden, bevor diese sich mit nach Koffein lechzenden, hungrigen Italienern füllen, die in den Tag starten wollen.

ROCOCÒ

{ SÜSSE WEIHNACHTSKRINGEL }

350 G BLANCHIERTE MANDELN

500 G WEIZENMEHL TYPE 405

200 G ZUCKER

2 GESTRICHENE TL BACKPULVER

ABGERIEBENE SCHALE VON 2 ORANGEN

ABGERIEBENE SCHALE VON 1 ZITRONE

20 G PISTO (SIEHE UNTEN)

1 PRISE SALZ

100 G HONIG

2 EIER. DAVON 1 EI LEICHT VERQUIRLT. DAS ANDERE MIT EINEM SCHUSS MILCH VERQUIRLT

PISTO

4 G STERNANIS

20 G FRISCH GERIEBENE MUSKATNUSS

4 G GEMAHLENER ZIMT

4 G GEWÜRZNELKEN

4 G WEISSER PFEFFER

Rococò sind zimtig-würzige, ringförmige Kekse von fester, harter Konsistenz, die in der Weihnachtszeit in den Straßen Neapels gegessen werden. Sie enthalten eine typische neapolitanische Gewürzmischung, die pisto genannt und für einige traditionelle Gebäcksorten verwendet wird. Pisto ist außerhalb Neapels nur schwer als fertige Gewürzmischung zu finden, aber Sie können sie mit gleichen Mengen an Sternanis, Muskatnuss, Zimt, Gewürznelken und weißem Pfeffer leicht selbst herstellen.

Den Backofen auf 200 °C vorheizen.

Für das Pisto alle Zutaten in einen Mörser geben und zu einem feinen Pulver zermahlen.

Die Mandeln auf ein Backblech geben und 15–20 Minuten rösten. Währenddessen alle paar Minuten prüfen und die Mandeln umrühren, bis sie goldgelb sind und ein wunderbarer Mandelduft den Raum erfüllt. In eine hitzebeständige Schüssel geben und zum Abkühlen beiseitestellen.

Von den abgekühlten Mandeln etwa 25 Mandeln zurückbehalten, den Rest in einer Küchenmaschine fein mahlen. Die zurückbehaltenen Mandeln zum Verzieren grob hacken.

Mehl, Zucker, fein gemahlene Mandeln, Backpulver, abgeriebene Schalen, Pisto und Salz in eine große Schüssel geben. Gründlich umrühren, dann auf eine saubere Arbeitsfläche geben. In die Mitte eine Mulde drücken und den Honig sowie das verquirlte Ei hineingeben. Mit den Händen die trockenen Zutaten mit der Mischung in der Mulde verkneten, dann nach und nach 125 ml Wasser zugeben und weiterkneten, bis alles gut eingearbeitet ist. Der Teig sollte ziemlich fest, aber homogen sein.

Die Backofentemperatur auf 180 °C reduzieren. Ein Backblech mit Backpapier auslegen.

Mit den Händen jeweils 50 g Teig zu Rollen formen. Die Enden der Rollen zu einem Ring von 8 cm Durchmesser verbinden. Jeden Ring mit den zerstoßenen Mandeln verzieren, dann mit der Ei-Milch-Mischung bestreichen und auf das vorbereitete Backblech setzen.

Etwa 20 Minuten goldbraun backen. Für härtere Rococò einige Minuten länger backen. Die Rococò halten sich in einer Frischhaltebox bis zu 1 Woche.

ERGIBT ETWA 24 ROCOCÒ

BABÀ al RHUM

{ BABA AU RHUM }

450 G WEIZENMEHL TYPE 812 (SIEHE SEITE 17)

10 G TROCKENHEFE

80 G EXTRAFEINER ZUCKER

6 EIER

170 ML LAUWARME MILCH

150 G BUTTER, ZIMMERWARM, GEWÜRFELT, PLUS ETWAS ZUSÄTZLICH ZUM EINFETTEN

1 TL SALZ

500 G KRISTALLZUCKER

SCHALE VON 1 ORANGE, WEISSE HAUT ENTFERNT, IN FEINE STREIFEN GESCHNITTEN

250 ML BRAUNER RUM

GESCHLAGENE SAHNE, ZUM SERVIEREN (NACH BELIEBEN)

Die Altstadt Neapels ist ein magischer, geschäftiger Ort voller Musik, wo bis spät in die Nacht an jeder Ecke Streetfood verkauft wird. Pasticcerie (Konditoreien) mit zur Straße zeigenden Theken verkaufen bis spät abends Desserts, von denen Babà al rhum zu den beliebtesten gehört. Den Einheimischen gelingt es mühelos, ihre Babas mit Rumsirup und Schlagsahne aus der Hand zu essen und sich dabei zu unterhalten.

Sie benötigen für dieses Dessert Baba-Formen (die es in Geschäften mit italienischen Haushaltswaren zu kaufen gibt) oder Dariol-Formen mit 100 ml Fassungsvermögen. Auch Muffinformen oder ein Muffinblech mit ähnlichem Fassungsvermögen können verwendet werden, nur wird die Form dann weniger traditionell. Babas au rhum machen großen Spaß und sind ein bisschen retro. Ich gebe gerne Orangenschale in den Rumsirup, was zwar nicht traditionell ist, dem Sirup aber eine besondere Note verleiht.

Die Hälfte des Mehls, die Hefe, den Zucker, die Eier und die Milch in das Gefäß einer Küchenmaschine geben und auf hoher Stufe 4 Minuten zu einem dehnbaren, elastischen Teig verarbeiten. Sie können auch ein Handrührgerät oder mit viel Muskelkraft einen Schneebesen verwenden. Auf niedriger Stufe nach und nach die Butterwürfel zugeben, dabei jeden Würfel zuerst gründlich einarbeiten, bevor der nächste zugegeben wird. Auf hoher Stufe weitere 2 Minuten mixen, dann das restliche Mehl und das Salz zugeben. Einige Minuten weitermixen, bis der Teig zähflüssiger wird. Mit Frischhaltefolie abdecken und 1 Stunde ruhen lassen.

In der Zwischenzeit den Boden und die Seiten der Baba- oder Dariol-Formen einfetten.

Den Teig nach dem Ruhen weitere 2 Minuten auf mittlerer Stufe mixen.

Den Backofen auf 190 °C vorheizen.

Die Formen gleichmäßig fast dreiviertelvoll mit dem Teig füllen. Die Formen auf ein Backblech stellen und mit einem sauberen Geschirrtuch zudecken. An einem vor Zugluft geschützten Ort weitere 30 Minuten ruhen lassen.

Das Backblech in den Ofen schieben und etwa 15 Minuten backen, bis die Babas gar, goldgelb und aufgegangen sind.

»

BABÀ al RHUM

Die Babas sofort aus den Formen stürzen und zum Abkühlen beiseitestellen.

Für den Sirup den Kristallzucker, die Orangenschale und 500 ml Wasser in einem Topf auf mittlerer Stufe unter gelegentlichem Rühren erhitzen, bis sich der Zucker aufgelöst hat. Den Rum zugeben und weitere 5 Minuten köcheln lassen. Vom Herd nehmen und beiseitestellen.

Die Babas nacheinander in den Sirup tauchen, bis sie sich vollgesaugt haben. Die Babas nicht zu lange in dem Sirup lassen, damit sie nicht auseinanderfallen. Dann auf ein Kuchengitter über einem Teller legen und darauf abtropfen lassen.

Restlichen Sirup bei mittlerer Hitze einige Minuten leicht andicken lassen und kurz vor dem Servieren über die einzelnen Babas träufeln.

Die Babas warm oder kalt mit Schlagsahne, falls verwendet, und dem reduzierten Sirup beträufelt servieren.

Babàs al rhum halten sich in einer Frischhaltebox im Kühlschrank 1–2 Tage. Sollen sie warm serviert werden, kurz vor dem Verzehr in der Mikrowelle erhitzen.

ERGIBT ETWA 16 BABÀS AL RHUM

CASSATELLE

{ GEBÄCKTASCHEN MIT ZITRONENRICOTTA }

1 EIWEISS, ZUM BESTREICHEN

TRAUBENKERN-, ERDNUSS- ODER
SONNENBLUMENÖL, ZUM FRITTIEREN

PUDERZUCKER, ZUM BESTÄUBEN

TEIG

250 G WEIZENMEHL TYPE 405 (SIEHE
SEITE 17), PLUS ETWAS ZUSÄTZLICH ZUM
BEMEHLEN

30 G EXTRAFEINER ZUCKER

1 PRISE SALZ

2 EL NATIVES OLIVENÖL EXTRA

1 EL MARSALA

FÜLLUNG

200 G FRISCHER RICOTTA, ABGETROPFT
(SIEHE SEITE 18)

30 G EXTRAFEINER ZUCKER

ABGERIEBENE SCHALE VON 1 ZITRONE

¼ TL VANILLEEXTRAKT

1 TL HONIG

Cassatelle heißen im sizilianischen Dialekt cassateddi und sind typisch für die Gegen um Trapani. Die süßen Teigtaschen werden mit einer Ricottacreme gefüllt. Da der Ricotta ziemlich trocken sein muss, sollten Sie die gut abgetropfte Sorte in einem perforierten Behälter kaufen. Die weniger traditionelle Füllung aus Zitronenricotta ist köstlich, Zitronenschale, Honig und Vanille können aber auch problemlos durch gehackte Bitterschokolade und einen zusätzlichen Teelöffel Zucker ersetzt werden, um eine traditionellere Version zu erhalten.

Für den Teig das Mehl in eine mittelgroße Schüssel sieben und den Zucker sowie das Salz untermischen. Mit einem Holzlöffel das Olivenöl und den Marsala einrühren, dann alles nach und nach mit 130 ml Wasser zu einer homogenen Masse verrühren. Den Teig auf eine saubere Arbeitsfläche geben und etwa 2 Minuten glatt und weich kneten. In eine Schüssel geben, mit Frischhaltefolie abdecken und 30 Minuten ruhen lassen.

Für die Füllung alle Zutaten in eine Schüssel geben und mit einer Gabel zu einer glatten Mischung zerdrücken. Alternativ die Zutaten in einer Küchenmaschine mixen. Bis zur weiteren Verwendung beiseitestellen.

Den Teig halbieren, dann eine Hälfte auf einer leicht bemehlten Arbeitsfläche 2 mm dick ausrollen. Mit einem runden Ausstecher Teigkreise von 9 cm Durchmesser ausstechen. Jeweils 2 gehäufte TL der Ricottafüllung auf jeden Teigkreis geben. Mit einer in Eiweiß getauchten Fingerspitze um den Rand fahren. Den Teigkreis über die Füllung zur Hälfte umklappen. Dann die Ränder behutsam zusammendrücken und darauf achten, dass keine Luft eingeschlossen ist. Auf ein leicht bemehltes Backblech setzen und mit den restlichen Teigkreisen ebenso verfahren. Die Teigreste können für zusätzliche Cassatelle erneut verknetet und ausgerollt werden.

Reichlich Öl in einen kleinen, hohen Topf geben oder eine Fritteuse verwenden. Das Öl auf 170 °C erhitzen. Es ist heiß genug, wenn ein Stück Teig in dem Öl sofort anfängt zu knistern. Die Cassatelle in Portionen von 2–3 jeweils 3½–4 Minuten frittieren, dabei nach der Hälfte der Zeit wenden, bis sie rundum goldgelb sind. Auf Küchenpapier abtropfen und leicht abkühlen lassen.

Mit Puderzucker bestäuben und warm servieren.

ERGIBT ETWA 24 CASSATELLE

CREMA FRITTA

{ FRITTIERTE VANILLECREMEWÜRFEL }

500 ML VOLLMILCH

SCHALE VON 1 ZITRONE, DIE WEISSE HAUT ENTFERNT

1 TL VANILLEPASTE

85 G WEIZENMEHL TYPE 550, GESIEBT

40 G STÄRKEMEHL, GESIEBT

100 G EXTRAFEINER ZUCKER

1 PRISE SALZ

2 EIER, PLUS 2 EIGELB

25 G BUTTER

100 G FEINE SEMMELBRÖSEL

TRAUBENKERN-, ERDNUSS- ODER SONNENBLUMENÖL, ZUM FRITTIEREN

Als kleines Mädchen hat meine Mutter Crema fritta auf den Straßenmärkten in Venetien gegessen. Die fest gewordene, goldgelb frittierte Vanillecreme war eine köstliche Leckerei, gerade richtig im kalten Winter in Venetien. Ich gebe gern Vanille und Zitronenschale in die Crema, weil sie dann noch unwiderstehlicher schmeckten.

Eine rechteckige Auflaufform (etwa 26 cm x 8 cm) mit einer doppelten Lage Frischhaltefolie, die über den Rand der Form hängt, auslegen.

In einem kleinen Topf auf niedriger Stufe die Milch, die Zitronenschale und die Vanille bis kurz vor dem Siedepunkt erhitzen, dann von der Kochstelle nehmen und zugedeckt beiseitestellen.

Die gesiebten Mehlsorten, den Zucker und das Salz in eine große Schüssel geben und mit dem Schneebesen nacheinander die ganzen Eier und die Eigelbe einrühren, bis sich alles gut verbunden hat.

Die Milch langsam und stetig unter ständigem Rühren mit dem Schneebesen in den Teig gießen – es sollen sich keine Klumpen bilden. Die gesamte Mischung zurück in den Topf geben, bei schwacher Hitze zurück auf den Herd stellen und unter ständigem kräftigem Rühren zum Kochen bringen, bis die Mischung andickt und das Umrühren schwer wird. Dies sollte etwa 10 Minuten in Anspruch nehmen. Auch wenn die Mischung sehr fest ist, unter kräftigem ständigem Rühren 1 Minute kochen und blubbern lassen – dieser Schritt ist entscheidend, damit die Creme später fest wird.

Vom Herd nehmen und die Butter einrühren. In die vorbereitete Form gießen und mit einem Teigspatel flach streichen. Die Puddingcreme sollte 1,5 bis 2 cm hoch sein. Die Puddingcreme mit Frischhaltefolie zudecken und zum Abkühlen und Festwerden etwa 4 Stunden beiseitestellen (in den Kühlschrank stellen, wenn die Creme ausreichend abgekühlt ist).

Die Semmelbrösel auf einen Teller geben. Die fest gewordene Puddingcreme mit der überhängenden Frischhaltefolie aus der Form heben. In 5 cm große Rauten oder Quadrate schneiden, dann rundum in den Semmelbröseln wälzen.

In einem Topf mit schwerem Boden (oder einer Fritteuse) 4–5 cm hoch Öl auf 180 °C erhitzen, bis ein Brotwürfel in dem Öl sofort anfängt zu knistern. Die Puddingwürfel portionsweise etwa 2 Minuten goldgelb frittieren. Auf Küchenpapier abtropfen lassen und heiß servieren.

ERGIBT ETWA 20 VANILLECREMEWÜRFEL

FRITOLE TRIESTINE

{APFELKRAPFEN}

1 EI

4 EL VOLLMILCH

125 G MEHL, PLUS 1–2 EL ZUSÄTZLICH,
FALLS ERFORDERLICH

1 GESTRICHENER TL BACKPULVER

50 G EXTRAFEINER ZUCKER

1 PRISE SALZ

2 EL SULTANINEN, IN 60 ML GRAPPA,
BRANDY ODER WARMEM WASSER
15 MINUTEN EINGEWEICHT

1 SÄUERLICHER GRÜNER APFEL,
Z. B. GRANNY SMITH, GESCHÄLT UND
KERNGEHÄUSE ENTFERNT

ABGERIEBENE SCHALE VON ½ GROSSEN
ORANGE

ABGERIEBENE SCHALE VON ½ GROSSEN
ZITRONE

TRAUBENKERN-, ERDNUSS- ODER
SONNENBLUMENÖL, ZUM FRITTIEREN

PUDERZUCKER, ZUM BESTÄUBEN

Fritole di mele wurden traditionell in der Karnevalszeit (vor der Fasten-zeit) gebacken, sind aber heute das ganze Jahr über zu finden. Ich habe sie in Triest im Nordosten Italiens auf einem Marktplatz in der Nähe des Hafens gegessen. Sie wurden dort so schnell verkauft, wie sie gebacken wurden. Dies hier ist das Rezept meiner Mutter und die Zubereitungsart ist nicht traditionell, aber sie gelingen gut, wenn man die Mischung mit ein wenig zusätzlichem Mehl anpasst (wenn das Ei größer ist als gewöhn-lich oder die Äpfel besonders saftig sind). Der Teig ist ziemlich feucht, sollte aber nicht auseinanderfließen, wenn man ihn esslöffelweise in das heiße Öl gibt. Ich verwende in Grappa eingeweichte Sultaninen in diesem Rezept (bei mir steht immer ein Glas im Kühlschrank), aber wenn Sie gerade keinen Grappa zur Hand haben oder den Geschmack nicht mögen, kann er durch Brandy oder sogar warmes Wasser ersetzt werden.

Das Ei und die Milch in einer kleinen Schüssel mit einer Gabel verquirlen. Das Mehl, das Backpulver, den Zucker und das Salz in einer mittelgroßen Schüssel vermengen. Die Ei-Milch-Mischung in das Mehl geben und gründlich unter-rühren.

Die Sultaninen abgießen und ausdrücken und den Apfel reiben. Beides zusammen sowie die abgeriebenen Schalen zugeben und alles sorgfältig zu einem dickflüssigen, aber gießfähigen Teig verrühren. Etwas Mehl zugeben, falls der Teig zu flüssig ist.

In einem Topf mit schwerem Boden (oder einer Fritteuse) 4–5 cm hoch Öl auf 170 °C erhitzen, bis ein Brotwürfel in dem Öl sofort anfängt zu knistern. Zwei Esslöffel aus Metall in das heiße Öl tunken, dann mit dem einen Löffel eine Teigkugel aufnehmen und die Kugel mit dem anderen Löffel in das heiße Öl schieben. Die Kugeln sollten die Größe einer Aprikose haben. Keine Sorge, wenn kleine Teigspuren im Öl zu sehen sind. Je nach Größe Ihres Topfes jeweils 3–4 Teigkugeln etwa 4 Minuten frittieren, bis sie rundum goldbraun sind. Auf Küchenpapier abtropfen lassen. Einen Krapfen auseinanderziehen, um zu prü-fen ob er gar ist. Wenn nicht, die Temperatur des Öls leicht reduzieren und die Fritole weitere 1–2 Minuten frittieren.

Die leicht abgekühlten Fritole mit Puderzucker bestäuben und warm servieren.

Sie schmecken am Tag der Zubereitung am besten.

ERGIBT ETWA 15 FRITOLE

SFOGLIATELLE con PASTA FROLLA

{ SFOGLIATELLE AUS MÜRBETEIG }

1 EIGELB, MIT EINEM SCHUSS MILCH LEICHT VERQUIRLT

PUDERZUCKER, ZUM BESTÄUBEN

TEIG

500 G WEIZENMEHL TYPE 405 (SIEHE SEITE 17), PLUS ETWAS ZUSÄTZLICH ZUM BEMEHLEN

170 G EXTRAFEINER ZUCKER

1 PRISE SALZ

½ TL REINER VANILLEEXTRAKT

200 G KALTE BUTTER, GEWÜRFELT

100 ML KALTES WASSER

FÜLLUNG

300 ML VOLLMILCH (OPTIONAL), PLUS ETWAS ZUSÄTZLICH ZUM VERSIEGELN DES TEIGS

SALZ

300 G FEINER HARTWEIZENGRIESS (SEMOLA RIMACINATA DI GRANO DURO)

250 G RICOTTA (SIEHE SEITE 18)

180 G EXTRAFEINER ZUCKER

2 EIGELB

¼ TL ORANGENBLÜTENWASSER

1½ EL KANDIERTE ORANGENSCHALE, FEIN GEHACKT

1 PRISE GEMAHLENER ZIMT

In Neapel gibt es zwei Versionen von Sfogliatelle – riccia und frolla. Die erste Variante besteht aus fächerförmig angeordneten Blätterteiglagen und ist, wenn sie warm verzehrt wird, ziemlich knusprig. Die zweite Variante dagegen wird aus dünn ausgerolltem Mürbeteig zubereitet. Beide erhalten die gleiche süße Füllung aus Hartweizengrieß, Ricotta und kandierter Zitronenschale. Anscheinend ist man entweder ein Riccia- oder ein Frolla-Fan, wobei die fächerförmige Variante die beliebteste zu sein scheint. Ich schwimme gegen den Strom und gebe zu, ein Frolla-Fan zu sein. Früher wurde der Teig mit strutto (Schmalz) gemacht, aber ich habe es durch Butter ersetzt. Die Sfogliatelle halten sich in einer Frischhaltebox etwa 3 Tage und schmecken dann aufgewärmt sogar noch besser. Das Gebäck nochmals mit Puderzucker bestäuben, wenn Sie es gern süß mögen.

Mit der Zubereitung muss einen Tag im Voraus begonnen werden.

Für den Teig das Mehl, den Zucker und das Salz in eine große Schüssel geben. Kurz vermischen, dann auf eine saubere Arbeitsfläche geben und in die Mitte eine kleine Mulde drücken. Den Vanilleextrakt und die kalte, gewürfelte Butter in die Mulde geben und rasch mit den Fingerspitzen in das Mehl einarbeiten. Sobald die Butter eingearbeitet ist und die Mischung eine sandähnliche Textur hat, nach und nach das kalte Wasser zugießen und einkneten. Das Ergebnis sollte eine gebundene, glatte Teigkugel sein. Überschüssigen Teig von der Arbeitsfläche abkratzen und auf die Teigkugel drücken. In Frischhaltefolie wickeln und über Nacht in den Kühlschrank legen.

Die Milch (falls verwendet) mit 300 ml Wasser in einen großen Topf auf mittlerer Stufe geben. Alternativ 600 ml Wasser zum Kochen bringen. Zunächst 1 Prise Salz zugeben, dann unter ständigem Rühren mit dem Schneebesen langsam und stetig den Hartweizengrieß zugeben, bis die Mischung zähflüssig wird. Wenn sie für den Schneebesen zu dickflüssig ist, einen Holzlöffel verwenden. Dieser Schritt ist besonders wichtig, damit die Masse glatt und frei von Klümpchen wird. Wenn der Grieß vollständig eingearbeitet ist, unter Rühren 5 Minuten kochen, bis die Masse dickflüssig und fest ist. In eine hitzebeständige Schüssel geben und zum Abkühlen auf Zimmertemperatur beiseitestellen.

»

SFOGLIATELLE con PASTA FROLLA

In einer zweiten Schüssel Ricotta, Zucker, Eigelbe, Orangenblütenwasser, kandierte Schale, Zimt und 1 Prise Salz verrühren, dann den Grieß zugeben. Da der Grieß ziemlich fest ist, muss die Masse mit den Händen zu einer homogenen Mischung verarbeitet werden. Die Schüssel mit Frischhaltefolie zudecken und über Nacht in den Kühlschrank stellen.

Den Backofen auf 180 °C vorheizen. Ein Backblech mit Backpapier auslegen

Die Füllung zimmerwarm werden lassen. Den Teig halbieren und die Hälfte, die erst später verarbeitet wird, in Frischhaltefolie gewickelt beiseitelegen. Auf einer reichlich bemehlten Arbeitsfläche die eine Teighälfte in 10 gleich große Stücke aufteilen, dann jedes Teigstück zu einem Rechteck von etwa 18 cm x 12 cm ausrollen.

Eine aprikosengroße Kugel der Grießmischung knapp neben die Mitte eines Teigrechtecks geben. Die Mischung leicht flach drücken, dann das lange Teigende darüberklappen, sodass die Teigtasche eine Länge von etwa 7–8 cm hat. Die Ränder mit etwas Milch oder Wasser versiegeln. Dann mit einem runden Ausstecher von 9 cm Durchmesser oder einem ähnlich großen Glas den Rand der Teigtasche kreisförmig abschneiden, die Seite mit der Füllung dabei aussparen. Die Kreise auf das vorbereitete Backblech setzen und mit dem restlichen Teig und der Füllung ebenso verfahren. Die Oberseite der Sfogliatelle mit der Eigelb-Milch-Mischung bestreichen und in 2 Portionen 20–23 Minuten goldgelb backen.

Auf einem Kuchengitter 30 Minuten abkühlen lassen und mit Puderzucker bestäuben. Sie sollten idealerweise gerade eben warm und frisch mit Puderzucker bestäubt serviert werden.

Sie halten sich in einer Frischhaltebox 2–3 Tage.

ERGIBT 18–20 SFOGLIATELLE

CIAMBELLE

{ ITALIENISCHE DONUTS }

325 G WEIZENMEHL TYPE 550, PLUS ETWAS
ZUSÄTZLICH ZUM BEMEHLEN

2 G TROCKENHEFE

50 G EXTRAFEINER ZUCKER, PLUS ETWAS
ZUSÄTZLICH ZUM BESTREUEN

ABGERIEBENE SCHALE VON ½ ORANGE

1 EI, LEICHT VERQUIRLT

140 ML LAUWARME MILCH

¼ TL SALZ

50 G BUTTER, ZIMMERWARM, GEWÜRFELT

TRAUBENKERN-, ERDNUSS- ODER
SONNENBLUMENÖL, ZUM FRITTIEREN

Ciambelle ähneln großen Donuts und werden gern im Stehen an der Bar aus einer Papierserviette zu einem Kaffee gegessen. Wenn man Glück hat und sie gerade frisch gemacht und noch warm sind, schmecken sie einfach umwerfend – so leicht und süß, dass man nie vermuten würde, dass sie frittiert sind.

Mehl, Hefe, Zucker und Orangenschale in eine große Schüssel geben. Das Ei zugeben und mit einem Holzlöffel unterrühren, dann langsam unter ständigem Rühren die Milch zugießen. Zum Schluss das Salz einrühren. Den Teig auf eine reichlich bemehlte Arbeitsfläche geben und einige Minuten glatt kneten. Einen Butterwürfel in die Mischung kneten, bis er gut eingearbeitet ist. Die restliche Butter würfelweise zugeben und alles zu einem glatten, glänzenden Teig verkneten. Alternativ den Teig mit einem Knethaken in einer Küchenmaschine zubereiten.

Den Teig in eine große Schüssel geben und mit Frischhaltefolie zudecken. An einem vor Zugluft geschützten Ort 3 Stunden ruhen lassen. Sein Volumen sollte sich mehr als verdoppeln.

Den Teig halbieren und die Hälfte, die erst später verarbeitet wird, in Frischhaltefolie gewickelt beiseitelegen. Den Teig auf einer reichlich bemehlten Arbeitsfläche 5–6 mm dick ausrollen. Da der Teig ziemlich dehnbar ist, sollte man ihm vor dem Ausstechen Zeit lassen, sich wieder ein wenig zusammenzuziehen. Aus dem Teig mit zwei unterschiedlich großen, runden Ausstechern (der eine mindestens doppelt so groß wie der andere) Ringe formen, dazu zunächst einen großen Kreis ausstechen und dann aus dessen Mitte einen kleinen Kreis ausstechen, sodass ein Ring entsteht. Nach Belieben können die ausgestochenen Kreise wieder in den Hauptteig geknetet und erneut ausgerollt werden. Oder man legt sie für eine spätere Verwendung beiseite. Mit dem restlichen Teig ebenso verfahren. Die Ciambelle auf mit Backpapier ausgelegte Backbleche setzen und mit sauberen Geschirrtüchern zudecken. An einem vor Zugluft geschützten Ort einige Stunden gehen lassen, bis sich ihr Volumen verdoppelt hat.

In einem mittelgroßen Topf mit schwerem Boden oder einer Fritteuse 7 cm hoch Öl auf 170 °C erhitzen, bis ein Brotwürfel in dem Öl sofort anfängt zu knistern. Jeweils 1–2 Ciambelle 3–4 Minuten frittieren, dabei nach der halben Zeit wenden, bis sie rundum goldgelb sind.

Die Ciambelle auf Küchenpapier abtropfen und leicht abkühlen lassen. Mit extrafeinem Zucker bestreut warm servieren oder direkt vor dem Verzehr in Zucker dippen. Ciambelle schmecken am Tag der Zubereitung am besten.

ERGIBT 16–18 CIAMBELLE

RAVIOLE BOLOGNESI

{ SÜSSE GEFÜLLTE RAVIOLE }

250 G WEIZENMEHL TYPE 405 (SIEHE SEITE 17), PLUS ETWAS ZUSÄTZLICH ZUM BEMEHLEN

90 G EXTRAFEINER ZUCKER, PLUS ETWAS ZUSÄTZLICH ZUM BESTREUEN

1 TL BACKPULVER

ABGERIEBENE SCHALE VON ½ ZITRONE

1 PRISE SALZ

100 G BUTTER, ZIMMERWARM, IN KLEINE WÜRFEL GESCHNITTEN

1 EI, LEICHT VERQUIRLT

190 G PFLAUMEN-MOSTARDA ODER IHRE BEVORZUGTE PFLAUMENKONFITÜRE

MILCH, ZUM BESTREICHEN

AMARETTO (OPTIONAL)

SAMBUCA (ANISLIKÖR) (OPTIONAL)

Raviole sind mundgerechte Gebäckstücke aus Bologna in Mittelitalien. Sie werden zwar traditionell zur Festa di San Giuseppe im März gegessen, sind aber das ganze Jahr über in den Geschäften und Bars im alten Markt von Bologna zu finden und geben einen leckeren, süßen Imbiss ab. Raviole sind nicht mit den herzhaften Ravioli aus Nudelteig zu verwechseln, obwohl die Zubereitungsart ähnlich ist. Sie werden aus süßem, mit Zitronenschale gewürztem Mürbeteig gemacht und mit einer Konfitüre aus Senffrüchten gefüllt. Sie können aber auch mit Pflaumenkonfitüre zubereitet werden, die außerhalb Italiens leichter zu finden ist. Bei meinen Nachforschungen für diese Raviole habe ich ein Rezept entdeckt, in dem sie nach dem Backen mit Anis- und Bittermandellikör bestrichen wurden. Eine tolle Idee!

Mehl, Zucker, Backpulver, abgeriebene Zitronenschale und Salz in einer großen Schüssel vermischen. Die Butter zugeben und mit den Fingern in die trockene Mischung einarbeiten, bis sie feuchtem Sand ähnelt. Das Ei zugeben und den Teig zusammenbringen. Den Teig auf eine gut bemehlte Arbeitsfläche geben und leicht kneten, dann zu einem großen, flachen Fladen formen. In Frischhaltefolie einwickeln und im Kühlschrank 1 Stunde ruhen lassen (über Nacht ist auch prima).

Den Backofen auf 180 °C vorheizen. Ein Backblech mit Backpapier auslegen.

Den Teig auf einer gut bemehlten Arbeitsfläche 3–4 mm dick ausrollen. Mit einem runden Ausstecher mit gewelltem Rand Teigkreise von 9 cm Durchmesser ausstechen. 1 gehäuften TL Mostarda in die Mitte jedes Teigkreises setzen. Die Ränder mit ein wenig Milch bestreichen, die Teigkreise zusammenklappen und dabei darauf achten, keine Luft einzuschließen. Die Außenseite der Raviole mit etwas zusätzlicher Milch bestreichen, dann mit dem restlichen Teig und der Füllung ebenso verfahren.

Die Raviole 15–20 Minuten goldgelb backen. Nach Belieben die Oberseite der Raviole mit einer Mischung aus Amaretto und Sambuca bestreichen. Extrafeinen Zucker darüberstreuen, während sie noch warm sind. Vor dem Verzehr vollständig abkühlen lassen.

Raviole halten sich in einer Frischhaltebox bis zu 5 Tage.

ERGIBT 16 RAVIOLE

CANNOLI al CACAO con RICOTTA

{ KAKAO-CANNOLI MIT RICOTTA }

TRAUBENKERN-, ERDNUSS- ODER
SONNENBLUMENÖL, ZUM FRITTIEREN

1 EIWEISS, ZUM BESTREICHEN

PISTAZIENKERNE, ZERSTOSSEN,
ZUM GARNIEREN

PUDERZUCKER, ZUM BESTÄUBEN

TEIG

250 G WEIZENMEHL TYPE 550

40 G EXTRAFEINER ZUCKER

2 TL GEMAHLENER ZIMT

2 TL KAKAOPULVER

2 TL FEIN GEMAHLENES KAFFEEPULVER

1 PRISE SALZ

50 G BUTTER, KALT, IN KLEINE WÜRFEL
GESCHNITTEN

2 TL WEISSWEINESSIG

50 ML TROCKENER WEISSWEIN

1 EI, LEICHT VERQUIRLT

FÜLLUNG

600 G RICOTTA, GUT ABGETROPFT
(SIEHE SEITE 18)

150 G EXTRAFEINER ZUCKER

Cannoli gehören in Sizilien zu den beliebtesten und bekanntesten süßen Streetfoods. Der Teig wird üblicherweise mit strutto (Schweineschmalz) hergestellt, wodurch die Teigrollen sehr knusprig werden. Bei dieser Version hier wird Butter verwendet, aber Sie können die Cannoli natürlich auch mit Schmalz ausprobieren. Obwohl das nicht der Tradition entspricht, habe ich Zimt, Kakao und Kaffee in den Teig gegeben, genau wie in meinem sizilianischen Stammlokal. Cannoli können auch mit Vanille- oder Schokoladenpudding gefüllt werden, aber mir schmeckt die traditionelle Version mit süßem Ricotta und die Enden in gehackte Nüsse getaucht am besten. Sie benötigen für die Form Cannoli-Röhren aus Metall, die es in den meisten Läden für Haushaltswaren zu kaufen gibt. Alternativ können auch Röhren aus zusammengeknüllter Alufolie verwendet werden, aber die Teigrollen werden dann weniger gleichmäßig.

Für den Teig das Mehl mit Zucker, Zimt, Kakao, Kaffee und Salz in eine große Schüssel geben. Die Butter darauf verteilen und mit den Fingern in die trockenen Zutaten kneten, bis die Mischung an Semmelbrösel erinnert. Essig, Wein und Ei zugeben und gründlich einarbeiten. Den Teig auf eine leicht bemehlte Arbeitsfläche geben und etwa 2 Minuten glatt kneten. In Frischhaltefolie wickeln und mindestens 1 Stunde in den Kühlschrank legen.

Für die Füllung den Ricotta und den Zucker in einer Schüssel zu einer glatten Creme verrühren. Alternativ kann auch eine Küchenmaschine verwendet werden. Wenn Sie es gern besonders süß mögen, nach Belieben noch etwas zusätzlichen Zucker zugeben. Bis zur Verwendung in den Kühlschrank stellen.

Den Teig auf einer leicht bemehlten Arbeitsfläche 1–2 mm dick ausrollen. Der Teig kann auch mit einer Nudelmaschine auf der drittletzten Stufe ausgerollt werden. Mit einem runden Ausstecher Teigkreise von 9 cm Durchmesser ausstechen.

Reichlich Öl in einem kleinen, tiefen Topf oder einer Fritteuse auf 170 °C erhitzen. Es ist heiß genug, wenn ein Stück Teig in dem Öl sofort anfängt zu knistern.

Die Teigkreise so um die Cannoli-Röhren wickeln, dass sich die Ränder leicht überlappen. Die Ränder mit Eiweiß bestreichen und fest zusammendrücken. Auch die Teigröhren mit etwas Eiweiß bestreichen.

»

CANNOLI al CACAO con RICOTTA

Die Cannoli auf der Röhre einzeln jeweils 2–2 1/2 Minuten hellbraun frittieren. Die Metallröhren mit den Cannoli mit einer hitzebeständigen Zange aus dem Öl nehmen (oder bei Verwendung einer Fritteuse den Korb herausnehmen). Die Teighülse von der Metallröhre schütteln und zum Abtropfen von überschüssigem Öl auf Küchenpapier legen. Falls sich die Teighülsen nicht leicht von der Röhre lösen, die Cannoli etwas abkühlen lassen, dann mit Küchenpapier vorsichtig festhalten und die Metallröhre mit der Zange aus der Teighülse ziehen. Die Metallröhre gründlich mit Küchenpapier abreiben, eine weitere Teigscheibe um die Röhre wickeln und sorgfältig mit Eiweiß versiegeln. Mit den restlichen Teigscheiben ebenso verfahren.

Die Teigröhren mit der Ricottacreme füllen. Hierfür die Creme mit einem Messer in die Röhren streichen. Alternativ die süße Ricottacreme in einen Spritzbeutel geben und mit einer weiten Tülle in die Röhren spritzen. Die Enden der Cannoli in zerstoßene Pistazienkerne tauchen, mit Puderzucker bestäuben und servieren.

Falls sie nicht sofort verzehrt werden, die Teighülsen ungefüllt in einer Frischhaltebox aufbewahren. Sie halten sich etwa 1 Woche.

ERGIBT 20–24 CANNOLI

CROSTOLI

{ FRITTIERTE ENGELSFLÜGEL }

650 G WEIZENMEHL TYPE 550, PLUS ETWAS
EXTRA ZUM BEMEHLEN

85 G EXTRAFEINER ZUCKER

1 PRISE SALZ

2 GROSSE EIER, PLUS 1 EIGELB, LEICHT
VERQUIRLT

45 ML GRAPPA, BRANDY ODER MARSALA

ABGERIEBENE SCHALE VON 1 ORANGE

3 TL WEISSWEINESSIG

TRAUBENKERN-, ERDNUSS- ODER
SONNENBLUMENÖL, ZUM FRITTIEREN

PUDERZUCKER, ZUM BESTÄUBEN

Crostoli werden auch cenci, galani, sfrappole oder bugie genannt, je nachdem in welcher Region oder Stadt Italiens man sich gerade befindet. Sie sind ein typischer Knabbersnack der Karnevalszeit. Dies hier ist das Rezept meiner Mutter, die darauf schwört, das Geheimnis guter Crostoli liege darin, den Teig sehr dünn auszurollen, sodass die Teigbänder schnell schön knusprig werden. Ich verwende hierfür eine Nudelmaschine, die man zwar nicht unbedingt braucht, die aber das Ausrollen ungemein erleichtert!

Mehl, Zucker und Salz in eine große Schüssel geben. Ei, Grappa, Brandy oder Marsala, Orangenschale, Essig und 70 ml Wasser zugeben und alles mit einem Holzlöffel verrühren. Alternativ die Zutaten in einer Küchenmaschine verrühren. Auf eine leicht bemehlte Oberfläche geben und einige Minuten kneten, bis der Teig glatt, fest und homogen ist. Wenn der Teig zu krümelig ist, noch etwas Wasser zugeben und solange kneten, bis die richtige Konsistenz erreicht ist. In Frischhaltefolie wickeln und mindestens 30 Minuten ruhen lassen.

Den Teig in Viertel aufteilen. Den Teig, der erst später verarbeitet wird, in Frischhaltefolie gewickelt beiseitelegen. Auf einer gut bemehlten Arbeitsfläche ein Teigviertel zu einem Rechteck ausrollen, das durch die breiteste Öffnung Ihrer Nudelmaschine passt. Den Teig durch die Maschine drehen, dann die Stufen immer weiter reduzieren und den Teig durchdrehen, bis die dünnste oder zweitdünnste Stufe erreicht ist. Dreimal durch die Walzen mit der letzten Einstellung drehen.

Mit einem gewellten Teigrad die Teigränder abschneiden, dann in drei lange Streifen schneiden. Jeden Streifen in 8 cm lange Stücke schneiden. Dann jeden Teigstreifen mit dem Teigrad in der Mitte einschneiden und ein Ende des Streifens durch den Schnitt fädeln, sodass man eine Schleife erhält (dieser letzte Schritt ist nicht unbedingt erforderlich, aber Schleifen sehen hübscher aus). Mit dem restlichen Teig ebenso verfahren.

Zum Frittieren ausreichend Öl in einem tiefen Topf mit schwerem Boden oder einer Fritteuse auf 180 °C erhitzen, bis ein Stück Teig in dem Öl sofort anfängt zu knistern. Jeweils 3–4 Crostoli etwa 30 Sekunden von der einen Seite frittieren, bis die Ränder Farbe annehmen. Wenden und kurz von der anderen Seite frittieren. Auf Küchenpapier abtropfen lassen und vor dem Bestäuben mit Puderzucker leicht abkühlen lassen. Ohne Puderzucker halten sich die Crostoli in einer Frischhaltebox mehrere Wochen.

ERGIBT ETWA 80 CROSTOLI

TORCINELLI

{ KARTOFFEL-FRITTER MIT ANIS }

1 GROSSE ODER 2 KLEINE KARTOFFELN DER SORTE DÉSIRÉE (SIE BENÖTIGEN ETWA 175 G GEKOCHTE KARTOFFEL)

175 G WEIZENMEHL TYPE 550

1 TL TROCKENHEFE

40 G EXTRAFEINER ZUCKER, PLUS ETWAS ZUSÄTZLICH ZUM BESTREUEN

30 ML LAUWARME MILCH

1 EI

40 G SULTANINEN, 10 MINUTEN IN WARMEM WASSER EINGEWEICHT

½ TL ANISSAMEN (ODER ERSATZWEISE ¼ TL ZERDRÜCKTER STERNANIS ODER ³/₄ TL FENCHELSAMEN)

1 PRISE SALZ

TRAUBENKERN- ODER ERDNUSSÖL, ZUM FRITTIEREN

HELLES OLIVENÖL (ZUM AUSROLLEN DES TEIGS)

GEMAHLENER ZIMT, ZUM BESTÄUBEN

Gemüse findet man manchmal dort, wo man es am wenigsten erwartet – wie zum Beispiel die Kartoffeln in diesem Gebäck aus den Abruzzen. Torcinelli sind ein typisches Gebäck für die Osterzeit, aber in der Konditorei in Pescara, in der ich sie gekauft habe, sagte man mir, sie seien das ganze Jahr über beliebt. Sie waren frisch gemacht, noch warm, mit Kristallzucker überzogen und unerwartet leicht und locker. Die Anissamen verleihen ihnen eine wunderbar warme Note.

Die Kartoffel abbürsten und in einem kleinen Topf mit Salzwasser zum Kochen bringen. Zugedeckt etwa 30 Minuten gar kochen. Abgießen, schälen und mit einer Gabel (oder einer Kartoffelpresse) zerdrücken.

Das Mehl, die Hefe und den Zucker in einer großen Schüssel vermengen. Die warme, pürierte Kartoffel, die Milch und das Ei zugeben und mindestens 5 Minuten mit einem Holzlöffel kräftig zu einer glatten, homogenen Masse verrühren. Alternativ eine Küchenmaschine verwenden.

Die Sultaninen abtropfen lassen, überschüssige Flüssigkeit ausdrücken und mit den Anissamen und dem Salz in die Mischung geben. Ein letztes Mal kräftig umrühren – der Teig ist ziemlich weich. Mit Frischhaltefolie zudecken und an einem warmen, vor Zugluft geschützten Ort etwa 1 Stunde gehen lassen, bis sich sein Volumen verdoppelt hat.

In einem Topf mit schwerem Boden oder einer Fritteuse ausreichend Öl zum Frittieren auf 180 °C erhitzen. Mit gut eingeölten Händen 1 gehäuften EL Teig zu einer kurzen Stange rollen, dann die Enden der Stange für die traditionelle Form einmal gegeneinander drehen. Mit dem restlichen Teig ebenso verfahren.

Jeweils 3–4 Torcinelli 2–3 Minuten von jeder Seite frittieren, bis sie rundum goldgelb und gar sind. Einen Torcinello auseinanderziehen, um zu prüfen, ob er gar ist. Falls erforderlich, vor dem Frittieren der restlichen Torcinelli die Temperatur des Öls anpassen.

Auf Küchenpapier abtropfen lassen, dann in eine Schüssel geben und noch warm mit dem zusätzlichen Zucker vermengen. Kurz vor dem Servieren etwas gemahlenen Zimt darüberstreuen.

Die Torcinelli schmecken am Tag der Zubereitung am besten.

ERGIBT ETWA 15 TORCINELLI

TARALLI al LIMONE

{ ZITRONEN-TARALLI }

TARALLI

250 G WEIZENMEHL TYPE 550
50 G SPEISESTÄRKE
1 GESTRICHENER TL BACKPULVER
1 PRISE SALZ
100 G EXTRAFEINER ZUCKER
ABGERIEBENE SCHALE VON 1 ZITRONE
90 G BUTTER, KALT, GEWÜRFELT
2 EIER, LEICHT VERQUIRLT

GLASUR

150 G PUDERZUCKER
30 ML FRISCH GEPRESSTER ZITRONENSAFT

Diese süßen, weichen, ringförmigen Taralli sind ein typisch sizilianisches Gebäck, das vor allem in Palermo beliebt ist. Die Zitronenschale im Teig und der Zitronensaft in der Glasur sorgen für einen wunderbar zitronigen Duft und Geschmack. Ich reibe die Zitronenschale gern mit den Fingerspitzen in den Zucker – das sorgt für noch mehr Zitrusgeschmack.

Das Mehl, die Speisestärke, das Backpulver und das Salz in einer großen Schüssel vermischen.

Den Zucker und die Zitronenschale in eine zweite Schüssel geben und die Schale mit den Fingerspitzen sorgfältig in den Zucker reiben. Diese Mischung zu den trockenen Zutaten geben und alles leicht vermischen.

Dann die Butter mit den Fingerspitzen in die trockenen Zutaten einarbeiten, bis die Mischung eine sandige Textur hat. Das Ei zugeben und mit einem Holzlöffel sorgfältig unterrühren. Mit den Händen kurz zu einer homogenen, glatten Masse verkneten. In Frischhaltefolie wickeln und mindestens 1 Stunde in den Kühlschrank legen.

Den Backofen auf 170 °C vorheizen.

Den Teig in 30 g schwere Kugeln aufteilen, dann jede Kugel zu einer dünnen Rolle formen und die beiden Enden zu einem Ring verbinden. 25 Minuten goldgelb backen und zum Abkühlen auf ein Kuchengitter setzen.

Für die Glasur den Puderzucker und den Zitronensaft in einer Schüssel kräftig zu einer glatten Glasur verquirlen. Die abgekühlten Taralli mit der Oberseite in die Glasur tunken und auf einem Kuchengitter trocknen lassen.

Die Taralli halten sich in einer Frischhaltebox 3–4 Tage.

ERGIBT ETWA 18 TARALLI

PARDULE

{ SARDISCHE RICOTTAKÜCHLEIN }

RICOTTAFÜLLUNG

300 G RICOTTA (SIEHE SEITE 18)

35 G EXTRAFEINER ZUCKER

30 G WEIZENMEHL TYPE 550

1 EI, PLUS 1 EIGELB

ABGERIEBENE SCHALE VON ½ GROSSEN ORANGE

ABGERIEBENE SCHALE VON ½ GROSSEN ZITRONE

½ TL BACKPULVER

1 PRISE SAFRAN (ODER ½ TL REINER VANILLEEXTRAKT)

TEIG

150 G FEINER HARTWEIZENGRIESS (SEMOLA RIMACINATA DI GRANO DURO)

2 TL EXTRAFEINER ZUCKER

20 G BUTTER, GEWÜRFELT

HELLES WEIZENMEHL, ZUM BEMEHLEN

ZUM BESTREICHEN

2 EL ERWÄRMTER HONIG, VERMISCHT MIT 1 EL HEISSEM WASSER

Diese mit Safran gewürzten und mit Honig bestrichenen Ricotta- küchlein sind eine typisch sardische Leckerei. Pardule mit ihrer an einen Stern erinnernden Form werden traditionell mit Ricotta aus Schafsmilch gemacht. Der Teig ist brotähnlich und nicht süß, obwohl ich gern ein wenig Zucker zugebe. Ich habe diese auf einem Markt am Stadtrand von Rom entdeckt, wo die Einheimischen Schlange standen, um dann mit einer Pardula in der Hand über den Markt zu schlendern.

Für die Ricottafüllung den Ricotta in eine Schüssel geben und mehrere Minu- ten mit einem Schneebesen sehr glatt rühren. Zucker, Mehl, Eier, abgerie- bene Schale, Backpulver und Safran zugeben und glatt rühren. Während der Zubereitung des Teigs die Füllung beiseitestellen.

Den Hartweizengrieß und den Zucker auf eine saubere Arbeitsfläche geben und in die Mitte eine Mulde drücken. Die Butter in die Mulde geben und mit den Fingerspitzen in den Grieß reiben, bis die Mischung an feine Semmel- brösel erinnert. 30 ml Wasser zugeben und in den Teig kneten. Nach und nach weitere 30 ml Wasser zugeben, bis der Teig glatt und geschmeidig ist. Den Teig in zwei Hälften teilen und eine Hälfte beiseitestellen.

Eine Teighälfte auf einer leicht bemehlten Arbeitsfläche zu einem Rechteck ausrollen, dann durch die weiteste Öffnung einer Nudelmaschine drehen. Die Stufe reduzieren, dann erneut durchdrehen und diesen Schritt wiederholen, bis die mittlere Stufe erreicht ist. Mit einem runden Ausstecher von 9 cm Durchmesser Kreise aus dem Teig ausstechen. Teigreste für weitere Kreise erneut verkneten und ausrollen. Mit dem restlichen Teig ebenso verfahren. Insgesamt sollten es 14–15 Teigkreise sein.

Den Backofen auf 180 °C vorheizen. Ein Backblech mit Backpapier auslegen.

1 gehäuften TL Ricottafüllung in die Mitte jedes Kreises geben, dabei einen 1 cm breiten Rand frei lassen. Den Rand auf zwei gegenüberliegenden Seiten des Kreises mit Daumen und Zeigefinger zu einer Falte zusammendrücken. Diesen Schritt noch 2-mal wiederholen, sodass ein Körbchen mit 6 Spitzen entsteht. Den Ricotta mit dem Finger oder einem Löffelrücken flach streichen und die Pardule auf das vorbereitete Backblech setzen. Mit dem restlichen Teig und der restlichen Füllung ebenso verfahren.

Die Pardule 30-35 Minuten backen, bis der Ricotta goldgelb und gar ist. Zum Abkühlen auf einem Kuchengitter beiseitestellen, dann mit Honig und Wasser bestreichen. Warm oder zimmerwarm genießen. Pardule halten sich in einer Frischhaltebox im Kühlschrank 2 Tage.

ERGIBT ETWA 15 PARDULE

CASTAGNOLE di RICOTTA

{ SÜSSE RICOTTABÄLLCHEN }

80 G RICOTTA

25 G EXTRAFEINER ZUCKER, PLUS ETWAS ZUSÄTZLICH ZUM BESTREUEN

1 EI

ABGERIEBENE SCHALE VON ½ ZITRONE

ABGERIEBENE SCHALE VON ½ ORANGE

½ TL SÜSSER MARSALA (ODER ANDERER SÜSSWEIN)

150 G WEIZENMEHL TYPE 405 (SIEHE SEITE 17), PLUS ETWAS ZUSÄTZLICH ZUM BEMEHLEN

1 TL BACKPULVER

1 PRISE SALZ

20 ML VOLLMILCH

TRAUBENKERN-, ERDNUSS- ODER SONNENBLUMENÖL, ZUM FRITTIEREN

Castagnole verdanken ihren Namen ihrer Form – castagna bedeutet »Esskastanie«. Die köstlichen Bällchen aus süßem Ricotta werden zuerst frittiert und dann in Zucker gewälzt. Die manchmal auch favette (bedeutet »kleine, nierenförmige Bohnen«) genannten Castagnole findet man von Nord nach Süd in vielen Regionen Italiens. Sie können mit oder ohne Ricotta zubereitet und auch im Ofen gebacken werden, aber ich mag diese frittierte Version mit süßem Marsala und Zitronen- und Orangenschale besonders gern.

Den Ricotta und den Zucker in einer kleinen Schüssel mit einer Gabel vermischen. Das Ei zugeben und alles glatt rühren. Die Schalen und den Marsala zugeben und gründlich unterrühren.

In einer zweiten Schüssel das Mehl mit Backpulver und Salz vermischen, dann die Ricottamischung zugeben und mit einem Holzlöffel unterrühren. Wenn die Mischung anfängt zu klumpen, die Hälfte der Milch unterrühren, dann die restliche Milch zugeben. Verrühren, bis sich alles gut verbunden hat. Alternativ kann die Mischung auch in einer Küchenmaschine auf niedriger Stufe zubereitet werden.

Den Teig auf eine bemehlte Arbeitsfläche geben. Er sollte ziemlich klebrig, aber homogen sein. Behutsam zu einer glatten Kugel kneten. Den Teig in eine Schüssel geben, mit einem sauberen Geschirrtuch zudecken und 1–1¼ Stunden ruhen lassen. Je länger der Teig ruht, desto luftiger werden die Ricottabällchen.

Den Teig halbieren, dann jede Hälfte zu einer langen Rolle formen. Jede Rolle in 10 gleich große Stücke schneiden und daraus Kugeln formen. Es sollten mindestens 20 Kugeln sein.

In einem mittelgroßen Topf mit schwerem Boden oder einer Fritteuse mindestens 5 cm hoch Öl auf 180 °C erhitzen, bis ein Brotwürfel in dem Öl nach 5 Sekunden knistert. Die Castagnole portionsweise 3–4 Minuten frittieren, bis sie rundum goldgelb sind. Wenn die Temperatur zu hoch ist, werden sie außen zu dunkel und sind innen noch roh. Die erste Castagnole aufschneiden, um den Gargrad zu prüfen. Falls erforderlich, die Öltemperatur anpassen. Auf Küchenpapier abtropfen lassen und mit Zucker bestreuen, während sie noch heiß sind.

Warm genießen oder, wenn sie bereits abgekühlt sind, etwa 10 Sekunden in der Mikrowelle erwärmen. Castagnole schmecken am Tag der Zubereitung am besten.

ERGIBT 20–24 CASTAGNOLE

{ EISCREMES UND SORBETS }

Gelato di crema ai sette sapori
Cremeeis mit sieben Gewürzen

Gelato al panettone
Panettone-Eiscreme

Gelato di ricotta e limone
Ricotta-Zitronen-Eiscreme

Sorbetto di susine con amaretto
Pflaumen-Amaretto-Sorbet

Sorbetto all'arancia, pompelmo rosa e Aperol
Orangensorbet mit Grapefruit und Aperol

Gelato di pere e acqua di rose
Birnen-Rosenwasser-Eiscreme

Gelato alla nocciola e cioccolato con pistacchi salati
Nuss-Schoko-Eiscreme mit gesalzenen Pistazien

Gelato alla pesca e basilico
Pfirsicheis mit Basilikum

Affogato con cioccolata calda
Heiße Schokolade mit Eiscreme

Kaum etwas macht mehr Freude, als nachmittags oder am frühen Abend vor dem Abendessen zu einem Spaziergang aufzubrechen, um sich ein *gelato* zu kaufen und es dann auf der Piazza aus einer Waffel oder einem Becher mit einem Löffel zu genießen. Die Jahreszeit scheint auch keine große Rolle zu spielen, vor allem für Touristen, da im Winter fast genauso viel Eiscreme gegessen wird wie im Sommer. Sie ist das ultimative Streetfood, das einfach jeder mag.

In Europa reicht die Geschichte des Speiseeises bis ins 16. Jahrhundert zurück. Damals wurde es aus geraspeltem Eis und Fruchtsäften hergestellt und das Ergebnis waren dann eher *sorbetti* (Sorbets) als cremiges Gelato. Später dann wurde mit der Zugabe von Sahne und Eiern experimentiert und in der Mitte des 19. Jahrhunderts wurde eine mit einer Handkurbel betriebene Eismaschine erfunden, in der die flüssigen Zutaten gerührt und gleichzeitig gekühlt wurden. Das Ergebnis war eine glattere, weniger körnige Eiscreme, ähnlich dem Gelato von heute. Gegen Ende des 19. Jahrhunderts wurden entweder mit der Hand, dem Fahrrad oder Pferden gezogene Eiskarren in ganz Europa (und in den USA) beliebt und sobald das erste Kraftfahrzeug erfunden war, ersetzten Verkaufswagen die Eiskarren.

In Italien wird Eiscreme an fast jeder Straßenecke verkauft. Auf Volksfesten und Märkten kann man heute wieder *carretti* finden, die zunehmend an Beliebtheit gewinnen und häufig von einem Piaggio Ape gezogen werden, einem dreirädrigen Fahrzeug, das ein wenig an eine Vespa mit drei Rädern erinnert.

Der *gelataio* bereitet nicht nur das Speiseeis aus immer neuen und unterschiedlichen Geschmacksrichtungen zu, sondern fährt auch den Eiswagen und bedient die Kunden. Und heutzutage kann es durchaus sein, dass er an einer Hochschule studiert hat. Die Firma Carpignani hat in Bologna in Mittelitalien eine Gelato-Hochschule für die Speiseeis-Herstellung gegründet, an der in vielen Sprachen Kurse zu speziellen Themen sowie Praktika angeboten werden. Ihr angeschlossen ist auch ein Museo Gelato. Ziel ist die »Eccellenza del Gelato« und wenn man sich an schaut, wie viele handwerklich arbeitende *gelatai* überall tätig sind, ist ihr Bestreben eindeutig von Erfolg gekrönt.

Da es so viele *gelaterie* (Eisdielen) gibt, kann es als Tourist schwierig sein, das beste und authentischste Gelato zu finden – halten Sie nach Schildern Ausschau, auf denen »artigianale« steht. Und achten Sie auf die Geschmacks-richtungen, die zur Jahreszeit passen sollten (im Winter kann man kein aromatisches Pfirsicheis erwarten). Die Farbe kann ebenfalls ein Fingerzeig sein – was unecht aus-sieht, könnte genau das auch sein. Wenn man unsicher ist, können die vielen Online-Blogs und Websites mit Hin-weisen auf das beste Gelato in jeder beliebigen Region hilfreich sein.

GELATO di CREMA ai SETTE SAPORI

{ CREMEEIS MIT SIEBEN GEWÜRZEN }

375 ML VOLLMILCH

150 G ZUCKER

1 PRISE SALZ

375 G SAHNE MIT HOHEM FETTGEHALT

SCHALE VON ½ KLEINEN ORANGE, DIE WEISSE HAUT ENTFERNT

SCHALE VON ½ ZITRONE, DIE WEISSE HAUT ENTFERNT

8 GANZE GEWÜRZNELKEN

1½ ZIMTSTANGEN

20 G KAFFEEBOHNEN

5–6 STÜCK STERNANIS

1/2 VANILLESCHOTE, DAS MARK AUSGEKRATZT

5 EIGELB

Bei meiner letzten Italienreise herrschte tiefster Winter, was mich aber nicht davon abhielt, fast jeden Tag Gelato zu essen. Der Winter ist eine Zeit, zu der cremig-sahnige, mit Gewürzen zubereitete Eiscreme besonders gut passt. Die Inspiration für dieses Rezept bekam ich von einem Gelato in Florenz, das ich mir an einem besonders kalten Tag in einer winzigen Gelateria oltr'Arno (auf der anderen Seite des Flusses Arno, der die Stadt teilt) gekauft hatte. Es wird nicht nur mit Gewürzen und Zitruszesten, sondern auch mit Kaffeebohnen zubereitet. Für ein maximales Aroma lässt man es am besten über Nacht ziehen.

Die Milch, den Zucker, das Salz, 125 g der Sahne, die Orangen- und Zitronen-schale, die Gewürznelken, die Zimtstangen, die Kaffeebohnen, den Sternanis und die Vanilleschote sowie das Mark in einem mittelgroßen Topf auf mittlerer Stufe erwärmen, aber nicht zum Kochen bringen. Von der Kochstelle nehmen und zugedeckt 8 Stunden oder vorzugsweise über Nacht im Kühlschrank ziehen lassen.

Die Eigelbe in einer großen Schüssel verquirlen und beiseitestellen.

Die restliche Sahne in eine große Schüssel geben und ein großes Sieb auf die Schüssel stellen. Die Schüssel in ein Eisbad stellen.

Die gekühlte Milch-Sahne-Mischung in einen mittelgroßen Topf abseihen und bei mittlerer Temperatur erwärmen, aber nicht zum Kochen bringen. Von der Kochstelle nehmen und langsam in das verquirlte Ei gießen, dabei ständig mit einem Holzlöffel umrühren, damit das Ei nicht gerinnt und flockt. Die Mischung zurück in den Topf geben und auf niedriger Stufe unter ständigem Rühren erhitzen, bis sie fester wird und die Rückseite eines Löffels überzieht. Durch das Sieb in die Schüssel mit der Sahne gießen und unter Rühren voll-ständig kalt werden lassen.

Die Mischung in eine Eismaschine geben und nach den Anweisungen des Herstellers weiterverarbeiten. Vor dem Servieren etwa 1 Stunde in den Gefrierschrank stellen.

Falls die Eiscreme über Nacht im Gefrierschrank war, 10 Minuten vor dem Servieren herausnehmen.

ERGIBT ETWA 1 LITER EISCREME

GELATO al PANETTONE
{ PANETTONE-EISCREME }

375 ML VOLLMILCH

100 G ZUCKER

1 PRISE SALZ

375 G SAHNE MIT HOHEM FETTGEHALT

100 G GETROCKNETE DATTELN, GROB
ZERKLEINERT

SCHALE VON 2 MITTELGROSSEN ORANGEN,
DIE WEISSE HAUT ENTFERNT

1 KRÄFTIGE PRISE SAFRAN

¼ VANILLESCHOTE, DAS MARK
AUSGEKRATZT (ODER ¼ TL VANILLEPASTE)

5 EIGELB

25 G ORANGENBLÜTENHONIG

25 G SULTANINEN

40 ML SÜSSER MARSALA

Gelato al panettone war bei meinem letzten Italienbesuch eine beliebte neue Eissorte. In vielen Eissalons war ein Schild mit der Aufschrift »panettone« zu sehen. Nachdem ich es einige Male gegessen hatte, wurde mir klar, dass es nicht mit Panettone zubereitet war, sondern mit den Aromen, für die Panettone bekannt ist. Nachdem ich zu Hause ein wenig experimentiert hatte und Freunde aus Umbrien, ebensolche Foodies wie ich, zu einem Probierabend eingeladen hatte, stand mein eigenes Rezept fest.

Die Milch, den Zucker, das Salz, 125 g der Sahne, die Datteln, die Orangenschale, die Safranfäden und die Vanilleschote sowie das Mark in einem mittelgroßen Topf auf mittlerer Stufe erwärmen, aber nicht zum Kochen bringen. Von der Kochstelle nehmen und zugedeckt 8 Stunden oder vorzugsweise über Nacht im Kühlschrank ziehen lassen.

Die Eigelbe in einer großen Schüssel verquirlen und beiseitestellen.

Die restliche Sahne in eine große Schüssel geben und ein großes Sieb auf die Schüssel stellen. Die Schüssel in ein Eisbad stellen.

Die gekühlte Milch-Sahne-Mischung in einen mittelgroßen Topf abseihen und den Honig zugeben. Bei mittlerer Temperatur erwärmen und unter Rühren den Honig auflösen. Die Mischung nicht zum Kochen bringen. Unter ständigem Rühren mit dem Schneebesen die Mischung langsam in die Eigelbe gießen. Die Mischung zurück in den Topf auf mittlerer Stufe geben und unter ständigem Rühren mit einem Holzlöffel erhitzen, bis sie fester wird und den Rücken eines Löffels überzieht. Durch das Sieb in die Schüssel mit der Sahne gießen und unter Rühren vollständig kalt werden lassen.

Die Sultaninen mindestens 15 Minuten in dem Marsala einweichen.

Die abgekühlte Sahnemischung in eine Eismaschine geben und nach den Anweisungen des Herstellers weiterverarbeiten. Die Sultaninen abtropfen lassen, grob hacken und unter die fertige Eiscreme heben. Nach Belieben etwas von dem restlichen Süßwein unterrühren. Vor dem Servieren etwa 1 Stunde in den Gefrierschrank stellen (oder 3 Stunden, wenn der Süßwein untergerührt wurde).

Falls die Eiscreme über Nacht im Gefrierschrank war, 10 Minuten vor dem Servieren herausnehmen.

ERGIBT ETWA 1 LITER EISCREME

GELATO di RICOTTA e LIMONE

{ RICOTTA-ZITRONEN-EISCREME }

100 ML VOLLMILCH

180 G ZUCKER

250 G RICOTTA (DEN FRISCHSTEN, DEN SIE FINDEN KÖNNEN) (SIEHE SEITE 18)

SCHALE VON 1 ZITRONE, DIE WEISSE HAUT ENTFERNT

250 G SCHLAGSAHNE

ABGERIEBENE SCHALE VON 1 ZITRONE

Eiscreme aus Ricotta habe ich zum ersten Mal in Sizilien gegessen. Da Ricotta in der Küche zu meinen Lieblingszutaten gehört, war mir klar, dass es mir vermutlich sehr gut schmecken würde. Und es hat mich umgehauen. Der Ricotta war ohne Zweifel aus Schafsmilch und sehr frisch. Da man ihn in einer Großstadt vermutlich nur schwer auftreiben kann, habe ich ihn in diesem Rezept mit Zitrone kombiniert. Für einen besonders intensiven zitronigen Geschmack habe ich die Zitrone nicht nur anfangs zugegeben, sondern auch zum Schluss in die fertige Eiscreme gerührt. Sie schmeckt wie eine italienische Zitronen-Ricotta-Füllung für Käsekuchen. Da auf Eier verzichtet wird, ist sie schneller gemacht als ein Gelato auf Cremebasis.

Milch und Zucker in einer mittelgroßen Schüssel mit einem Handrührgerät (idealerweise mit Schneebesen) verrühren. Dann portionsweise – jeweils etwa 50 g – den Ricotta einrühren. Der Ricotta muss gleichmäßig eingearbeitet und glatt sein, bevor die nächste Portion zugegeben wird. Die Zitronenschale zugeben, mit Frischhaltefolie zudecken und mindestens 3 Stunden oder über Nacht in den Kühlschrank stellen.

Die Zitronenschale entfernen und die Eiscreme verrühren. In eine Eismaschine geben und etwa 30 Minuten zu einer festen Creme verarbeiten. Zum Schluss nach Geschmack abgeriebene Zitronenschale in die fertige Eiscreme rühren.

Vor dem Verzehr in einer Frischhaltebox einige Stunden in den Gefrierschrank stellen.

ERGIBT ETWA 1 LITER EISCREME

SORBETTO di SUSINE con AMARETTO

{ PFLAUMEN-AMARETTO-SORBET }

230 G EXTRAFEINER ZUCKER

½ VANILLESCHOTE (ODER ½ TL VANILLEPASTE)

800 G GROSSE, REIFE BLUT- ODER MARIPOSA-PFLAUMEN, ENTSTEINT UND GROB ZERKLEINERT

2 TL ZITRONENSAFT

2 EL AMARETTO (NACH BELIEBEN MEHR ODER WENIGER)

Meine Familie in Italien lebt in der Nähe der Küstenstadt Grado, die bei österreichischen und deutschen Touristen, aber auch bei Italienern sehr beliebt ist. Bei jedem Besuch gehe ich in dieselbe Gelateria und probiere die neuen Geschmacksrichtungen aus. Das letzte Mal war ich im Sommer dort und habe ein Pflaumen-Sorbet gegessen, das genau zur Jahreszeit passte und sehr erfrischend war. Ich liebe die Kombination aus Pflaumen und Mandeln und habe deshalb zum Schluss einen Schuss Amaretto zugegeben.

Den Zucker in 250 ml Wasser in einem kleinen Topf bei mittlerer Temperatur auflösen. In einen hitzebeständigen Krug gießen und die Vanilleschote zugeben. Mindestens 3 Stunden in den Kühlschrank stellen, sodass das Wasser kalt wird und das Vanillearoma aufnimmt. Danach die Vanilleschote entfernen und für eine weitere Verwendung trocknen lassen.

Die Pflaumen in einem mittelgroßen Topf auf niedriger Stufe dünsten, bis sie weich werden. Beiseitestellen und leicht abkühlen lassen, dann die Schalen abziehen.

Das Pflaumenfruchtfleisch in einer Küchenmaschine glatt pürieren (das Ergebnis kann ziemlich flüssig sein). Es werden etwa 650 g Fruchtfleisch benötigt. In eine Schüssel geben und zum Kühlen mehrere Stunden in den Kühlschrank stellen.

Eine Frischhaltebox zum Kühlen in den Gefrierschrank stellen.

Die Pflaumen mit 300 ml des Zuckersirups vermischen und den Zitronensaft zugeben. Die Mischung in eine Eismaschine geben und nach den Anweisungen des Herstellers weiterverarbeiten. Wenn die Mischung vorher gut gekühlt war, sollte die richtige Konsistenz in etwa 45 Minuten erreicht sein. Den Amaretto (so viel oder so wenig Sie mögen – Sie können ihn sogar ganz weglassen) zugeben und kurz unterrühren.

Das Sorbet in den gekühlten Behälter geben und in den Gefrierschrank stellen. Da Alkohol die Gefriertemperatur erhöht, dauert es etwas länger, bis das Sorbet fest wird. Vor dem Servieren mindestens 2 Stunden in den Gefrierschrank stellen.

Wenn es über Nacht tiefgekühlt wird, 10–15 Minuten vor dem Servieren aus dem Gefrierschrank nehmen.

ERGIBT ETWA 1 LITER SORBET

SORBETTO ALL'ARANCIA, POMPELMO ROSA e APEROL

{ ORANGENSORBET MIT ROSA GRAPEFRUIT UND APEROL }

100 ML FRISCH GEPRESSTER
GRAPEFRUITSAFT (ETWA 1 GROSSE
ROSA GRAPEFRUIT)

400 ML FRISCH GEPRESSTER
ORANGENSAFT (ETWA 4 ORANGEN)

80 G ZUCKER

80 ML APEROL

Dank Aperol Spritz, einer Kombination aus Aperol und Prosecco, ist Aperol heute allseits bekannt. Mit seinem leicht bitteren, aber erfrischenden Geschmack passt er auch gut zu einem sommerlichen Sorbet aus frisch gepresstem Orangensaft und dem Saft einer rosa Grapefruit.

Den Grapefruitsaft, 100 ml des Orangensafts und den Zucker in einem kleinen Topf auf mittlerer Stufe erhitzen, bis sich der Zucker aufgelöst hat. Den restlichen Orangensaft und den Aperol zugeben und verrühren. Dann in einen Krug gießen und zum vollständigen Abkühlen in den Kühlschrank stellen.

Die Mischung in eine Eismaschine geben und nach den Anweisungen des Herstellers weiterverarbeiten. In eine Frischhaltebox geben und vor dem Servieren 2 Stunden in den Gefrierschrank stellen.

5–10 Minuten vor dem Servieren aus dem Gefrierschrank nehmen.

ERGIBT ETWA 1 LITER SORBET

GELATO di PERE e ACQUA di ROSE

{ BIRNEN-ROSENWASSER-EISCREME }

3 REIFE BIRNEN DER SORTE BOSCS, GESCHÄLT, KERNGEHÄUSE ENTFERNT, IN FEINE SCHEIBEN GESCHNITTEN

2 TL ZITRONENSAFT

130 G EXTRAFEINER ZUCKER

250 G SAHNE MIT HOHEM FETTGEHALT

125 ML VOLLMILCH

20 ML ROSENWASSER

1 GROSSZÜGIGE PRISE SALZ

Rosenwasser ist keine Zutat, die man üblicherweise mit der italienischen Küche in Verbindung bringt, aber heutzutage, wo sich die Grenzen zwischen den Kulturen verwischen, findet man es gelegentlich in Kuchen und Desserts. Ich habe ein Gelato mit Rosenwasser in Venedig entdeckt – es duftete wunderbar, war köstlich und sehr erfrischend. Die Kombination mit süßen, reifen Birnen gleicht das blumige Aroma wunderbar aus.

Die Birnen in eine Keramikschüssel geben, den Zitronensaft darüberträufeln und in der Mikrowelle etwa 2 Minuten weich garen. Alternativ die Birnen in einen mittelgroßen Topf geben und bei mittlerer Temperatur weich kochen. Überschüssigen Saft abgießen (es sollten etwa 300 g Fruchtmus sein), den Zucker einrühren und alles in einer Küchenmaschine pürieren. Mit Frischhaltefolie zudecken und 2 Stunden im Kühlschrank vollständig kalt werden lassen.

Die Sahne, die Milch, das Rosenwasser und das Salz zu den Birnen geben und alles gründlich verrühren. Die Mischung in eine Eismaschine geben und nach den Anweisungen des Herstellers weiterverarbeiten.

In einer Frischhaltebox einige Stunden in den Gefrierschrank stellen.

Wenn das Gelato für den nächsten Tag bestimmt ist, 20 Minuten vor dem Servieren aus dem Gefrierschrank nehmen.

Diese Eiscreme wird am besten innerhalb von 3–4 Tagen verzehrt.

ERGIBT ETWA 1 LITER EISCREME

GELATO alla NOCCIOLA e CIOCCOLATO con PISTACCHI SALATI

{ NUSS-SCHOKO-EISCREME MIT GESALZENEN PISTAZIEN }

200 G HASELNUSSKERNE, GERÖSTET, GEHÄUTET

375 ML VOLLMILCH

150 G ZUCKER

1 PRISE SALZ

375 G SAHNE MIT HOHEM FETTGEHALT

100 G VOLLMILCHSCHOKOLADE, FEIN GEHACKT

¼ TL VANILLEEXTRAKT

5 EIGELB

FÜR DIE PISTAZIENMARMORIERUNG

75 G PISTAZIEN, GESCHÄLT

1 PRISE SALZ

1 EL HONIG

Die himmlische Kombination aus Haselnüssen und Schokolade bildet die Grundlage eines sehr beliebten italienischen Aufstrichs, der ursprünglich auf Brot gegessen wurde, heute aber praktisch überall, auch in Gebäck und Pfannkuchen, zu finden ist. Meine Nichte Chiara hat mir von einer Variante erzählt, die sie letztes Jahr in einer Gelateria in Venedig gegessen hat und die mit gesalzenen Pistazien durchzogen war. Sie sagte, es sei das beste Eis gewesen, das sie auf dieser Reise gegessen habe. Es klang so beeindruckend, dass ich versucht habe, meine eigene Version zu kreieren. Ich liebe den Gegensatz der Aromen, aber auch die Textur.

Den Backofen auf 180 °C vorheizen. Die Haselnusskerne auf einem Backblech 12 Minuten rösten. Auf ein sauberes Geschirrtuch geben und die Häute abreiben. Die Haselnusskerne in einer Küchenmaschine fein hacken.

Die Milch, den Zucker und 1 Prise Salz in einen mittelgroßen Topf geben und auf mittlerer Stufe erhitzen, bis sich der Zucker aufgelöst hat. Die Mischung nicht zum Kochen bringen. Die gehackten Haselnusskerne zugeben und in eine hitzebeständige Schüssel umfüllen. Einige Stunden, bevorzugt über Nacht, im Kühlschrank ziehen lassen.

Die Sahne in einem kleinen Topf bis kurz vor dem Siedepunkt erhitzen. Die Schokolade in eine große, hitzebeständige Schüssel geben, dann die Sahne über die Schokolade gießen. Behutsam umrühren, bis die Schokolade geschmolzen ist, dann die Vanille zugeben. Ein großes Sieb auf die Schüssel setzen und die Schüssel in ein Eisbad stellen.

Die Eigelbe in einer großen Schüssel leicht verquirlen und beiseitestellen.

Die gekühlte Milch-Haselnuss-Mischung in einen kleinen Topf abgießen. Die Milch erwärmen, dann langsam in die Schüssel mit dem Eigelb gießen, dabei ständig mit dem Schneebesen vorsichtig umrühren, damit das Ei nicht flockt. Die Mischung zurück in den Topf geben und auf mittlerer Stufe unter ständigem Rühren mit einem Holzlöffel erhitzen, bis sie fester wird und die Rückseite

>>

GELATO alla NOCCIOLA e CIOCCOLATO con PISTACCHI SALATI

eines Löffels überzieht. Durch das Sieb in die Schüssel mit der Schokoladenmischung gießen und unter Rühren vollständig kalt werden lassen.

Die Mischung in eine Eismaschine geben und nach den Anweisungen des Herstellers weiterverarbeiten.

Für die Pistazienmarmorierung die Kerne in einer Küchenmaschine zu feinen Krümeln verarbeiten. Das Salz und den Honig zugeben und weiterrühren, bis sie sich gleichmäßig mit den Pistazien vermischt haben. Probieren und auf eine salzig-süße Ausgewogenheit achten, dann nach und nach 2–3 EL Wasser zugeben, zwischen den Zugaben kurz den Intervallschalter betätigen, bis eine zähe, aber gießfähige Konsistenz erreicht ist.

Ein Drittel der Eiscreme in eine Frischhaltebox geben. Mit einem Teelöffel ein Drittel der Pistazienmischung strudelförmig in die Eismasse rühren. Diesen Schritt wiederholen, bis alle Zutaten aufgebraucht sind, dann die Eiscreme vor dem Servieren einige Stunden in den Gefrierschrank stellen.

Wenn das Gelato für den nächsten Tag bestimmt ist, 20 Minuten vor dem Servieren aus dem Gefrierschrank nehmen.

ERGIBT ETWA 1 LITER EISCREME

GELATO alla PESCA e BASILICO

{ PFIRSICHEIS MIT BASILIKUM }

3 GROSSE, REIFE WEISSE PFIRSICHE, ENTSTEINT UND IN 1 CM GROSSE WÜRFEL GESCHNITTEN

200 G ZUCKER

25 ML ZITRONENSAFT

15 FRISCHE BASILIKUMBLÄTTER, STIELE ENTFERNT, GROB GEZUPFT

½ TL VANILLEPASTE

150 G SAHNE MIT HOHEM FETTGEHALT

100 G MASCARPONE

1 PRISE MEERSALZ

Ich habe Pfirsich-Basilikum-Eis zum ersten Mal probiert, als ich 2003 mit meiner (damals noch) kleinen Tochter in Italien war. Heute erscheint es vielleicht nicht so ungewöhnlich, Kräuter und Früchte in einem cremigen Gelato zu vereinen, aber zu der Zeit war es eine ziemliche Sensation. Ich habe für dieses spätsommerliche Rezept reife weiße Pfirsiche verwendet, was das Eis zu etwas ganz Besonderem macht, weil man es nur etwa einen Monat im Jahr zubereiten kann. Ich habe Vanillepaste und eine Prise Salz zugegeben, was (so überraschend es auch klingen mag) für eine schöne Ausgewogenheit von Basilikum und Pfirsich sorgt. Für noch mehr Pfirsichgenuss kann diese Eiscreme mit abgekühlten, gebackenen Pfirsichen serviert werden. Da sie frische Früchte und Kräuter enthält, sollte sie innerhalb von drei Tagen verzehrt werden.

Die Pfirsiche in eine Keramikschüssel geben, den Zucker darüberstreuen, mit Zitronensaft beträufeln und alles gründlich verrühren. Abdecken und bei Zimmertemperatur 3–4 Stunden beiseitestellen.

Die Pfirsiche mit den gezupften Basilikumblättern, der Vanillepaste, der Sahne, dem Mascarpone und dem Salz in eine Küchenmaschine geben. Einige Male den Intervallschalter betätigen, bis alles verbunden ist, aber noch kleine Pfirsichschalenstücke und Basilikumblätter zu sehen sind. Die Mischung in eine Eismaschine geben und nach den Anweisungen des Herstellers weiterverarbeiten.

In einer Frischhaltebox einige Stunden in den Gefrierschrank stellen.

Wenn das Eis für den nächsten Tag bestimmt ist, sollte man es 20 Minuten vor dem Verzehr aus dem Gefrierschrank nehmen.

ERGIBT ETWA 1 LITER EISCREME

AFFOGATO con CIOCCOLATA CALDA

{ HEISSE SCHOKOLADE MIT EISCREME }

600 ML VOLLMILCH

4 GEHÄUFTE TL KARTOFFELMEHL

2 EL (UNGESÜSSTES) KAKAOPULVER

2 EL EXTRAFEINER ZUCKER. ODER NACH BELIEBEN

2 KUGELN IHRER LIEBLINGSEISCREME

Für mich war affogato immer eine Kugel Eis in einer Tasse mit heißem Kaffee (affogare bedeutet »untertauchen«). Als ich das letzte Mal in Venedig war, wurde in einer der Eisdielen auch affogato angeboten. Da es Dezember und tiefster Winter war, schien mir das eine ausgezeichnete Idee zu sein – nur dass es in dieser Gelateria mit der für italienische Bars typischen dickflüssigen, heißen Schokolade zubereitet war. Ein Pappbecher wurde dreiviertelhoch mit heißer Schokolade und einer Kugel einer Eiscreme nach Wahl gefüllt. Sie können das Cremeeis mit sieben Gewürzen (Seite 230) oder Ihre bevorzugte Vanilleeiscreme verwenden.

Die Milch, das Kartoffelmehl, das Kakaopulver und den Zucker in einen kleinen Topf auf mittlerer Stufe geben. Mit einem Schneebesen verrühren, bis sich die trockenen Zutaten aufgelöst haben und keine Klümpchen mehr zu sehen sind. Weiterrühren, bis die Milch anfängt zu kochen und die Mischung dickflüssig wird. In Kaffeebecher füllen und sofort servieren. Bei Tisch eine Kugel Eiscreme in jeden Becher geben.

ERGIBT 2 PORTIONEN

LA NONN

{ SAUCEN UND BASICS }

Maionnese al limone
Zitronenmayonnaise

Maionnese all'aglio
Knoblauchmayonnaise

Brodo di carne
Rinderbrühe

Salsa di pomodoro
Einfache Tomatensauce

Salsa di pomodoro e piselli
Tomaten-Erbsen-Sauce

Il sugo di Livia
Livias Fleischsauce

Ein Buch über Streetfood wäre ohne die Rezepte der Nonna (Groß-mutter) nicht vollständig, da in ihrer Küche das Wissen über Nahrung seinen Anfang nimmt. Wenn sie in der Küche am Herd steht und in einem Topf mit duftender Fleischsauce rührt, ist sie der traditionelle, viel geliebte Mittelpunkt jeder Familienmahlzeit. Eine Küche ohne sie ist nicht denkbar. Sie hat immer einen praktischen Kochtipp parat und Geschichten, die sie von ihrer eigenen Großmutter gehört hat, wäh-rend sie ihrer Großmutter an genau demselben *fogolar* (Herd) beim Kochen zuschaute.

Die Nonna kennt die Rezepte für die Gerichte auswendig, da sie sie schon seit so vielen Jahren zubereitet. Kein Messbecher oder Löffel hat eine Standardgröße und wenn man sie fragt, wie viel man von dieser Zutat oder jenem Gewürz zugeben sollte, lautet die Antwort *»quanto basta«* (so viel wie nötig). Dadurch wird es ein wenig schwie-rig, die Rezepte zu Papier zu bringen, und genau so sollte es vermut-lich auch sein. Man muss die Nahrungsmittel kennen, ihre Konsistenz und ihren Geschmack verstehen, und dann nach Gefühl zubereiten – nicht die einfachste Sache, wenn man die Geheimnisse einer neuen Küche kennenlernen will oder am Anfang seines Kochabenteuers steht. Hat man keine Nonna, ist das Beste, was man tun kann, die Nonna von jemand anderem ausfindig zu machen und ihr einige Tage lang auf Schritt und Tritt in der Küche zu folgen. Hilfreich dabei sind eine Kamera, ein Blatt Papier, zwei tüchtige Hände und ein guter Appetit.

Da eine Nonna eine wichtige Inspirationsquelle und Vermittlerin von Geschichten und Erinnerungen rund ums Essen ist, sind hier Rezepte für Saucen zu finden, die in einigen Gerichten in diesem Buch als Basis oder Beilage dienen. Ob nun *barista*, *friggitore*, *fornaio* oder *pasticciere*, sie alle sind vermutlich nach der Schule zu ihrer Nonna und einem Teller mit Pasta und Tomatensauce geeilt, sind ihr bei der Zubereitung von *panzerotti* oder *crostoli* zur Hand gegangen und haben in ihrer Küche ihre ersten Kochkenntnisse erworben.

MAIONNESE al LIMONE

{ ZITRONENMAYONNAISE }

1 EIGELB
½ TL WEISSWEINESSIG
½ TL ZITRONENSAFT (OPTIONAL)
125 ML PFLANZENÖL
FEIN ABGERIEBENE SCHALE VON
½ ZITRONE

Zitronenmayonnaise passt zu allen möglichen Gerichten mit Fisch und Meeresfrüchten und schmeckt besonders gut zu Fritto misto di pesce in cono (Seite 130) und Cozze fritte (Seite 129). Sie können auch Zitronensaft und/oder abgeriebene Zitronenschale in gekaufte Mayonnaise rühren, aber sie selbst zu machen, ist wirklich einfach. Wenn Sie Senf in Ihrer Mayonnaise mögen, geben Sie gleichzeitig mit dem Essig ½ TL Senf hinzu.

Das Eigelb, den Essig und den Zitronensaft (falls verwendet) in eine hohe Schüssel geben. Mit einem Handmixer kurz verquirlen, um das Eigelb zu öffnen. Dann auf hoher Stufe weiterrühren und dabei das Öl langsam und stetig in die Mischung einlaufen lassen – dies sollte etwa 1 Minute in Anspruch nehmen. Die Mischung wird andicken und zu einer Mayonnaise werden. Die Zitronenschale unterrühren und nach Belieben salzen.

Die Mayonnaise schmeckt in den ersten 24 Stunden nach der Zubereitung am besten.

ERGIBT ETWA 125 ML ZITRONENMAYONNAISE

MAIONNESE ALL'AGLIO

{ KNOBLAUCHMAYONNAISE }

2 KNOBLAUCHZEHEN, UNGESCHÄLT
¼ TL OLIVENÖL
1 EIGELB
½ TL WEISSWEINESSIG
125 ML PFLANZENÖL

Anders als französische Mayonnaise wird die italienische Version in der Regel ohne Senf zubereitet. Wenn Sie den Senfgeschmack jedoch mögen, können Sie ½ TL Senf gleichzeitig mit dem Essig zugeben und die Salzmenge anpassen. Mit geröstetem Knoblauch wird diese Mayonnaise besonders köstlich und schmeckt sehr gut zu Polpette di sarde (Seite 120).

Den Backofen auf 180 °C vorheizen. Ein kleines Backblech mit Backpapier auslegen.

Die Knoblauchzehen mit dem Olivenöl einreiben und auf das Backblech legen. 15 Minuten rösten, bis sie weich sind. Die Zehen aus ihrer Haut drücken und in eine mittelgroße Schüssel geben.

Das Eigelb und den Essig zugeben und mit einem Handmixer kurz verquirlen, um das Eigelb zu öffnen. Dann auf hoher Stufe weiterrühren und dabei das Öl langsam und stetig in die Mischung einlaufen lassen – dies sollte etwa 1 Minute in Anspruch nehmen. Die Mischung wird andicken und zu einer Mayonnaise werden. Mit Salz abschmecken.

Die Mayonnaise schmeckt in den ersten 24 Stunden nach der Zubereitung am besten.

ERGIBT ETWA 125 ML KNOBLAUCHMAYONNAISE

BRODO di CARNE

{ RINDERBRÜHE }

800 G RINDFLEISCH IN EINEM STÜCK
(BITTEN SIE IHREN METZGER UM DAS
BESTE STÜCK FLEISCH FÜR BRÜHE)

1 RINDERKNOCHEN

1 MITTELGROSSE KAROTTE, GROB
ZERKLEINERT

1 STANGE STAUDENSELLERIE, GROB
ZERKLEINERT

½ KLEINE WEISSE ZWIEBEL, GESCHÄLT,
WURZELANSATZ ENTFERNT

EINIGE ZWEIGE PETERSILIE

Ich verwende für Rinderbrühe normalerweise ein sehniges, aber aroma-reiches Stück Rindfleisch, sodass es mehrere Stunden des Köchelns gut übersteht. Außerdem bitte ich meinen Metzger um einen Rinderknochen, den ich zusätzlich in den Topf werfe. Das Fleisch kann nach dem Kochen für Gerichte wie bollito misto (Fleischtopf aus gemischtem, gekochtem Fleisch) und Panino con lesso alla picchiapò (Seite 108) verwendet werden. Beim letztgenannten wird das Fleisch mit Tomatensauce zu einem köstlich zarten und typisch römischen Gericht geköchelt, das mit Kartoffelbrei serviert wird oder in einem Brötchen als schnelles Mittagessen für unter-wegs dienen kann.

Alle Zutaten in einen großen Topf mit schwerem Boden geben und mit Wasser bedecken. Zum Kochen bringen, dann den Deckel auflegen, die Temperatur auf eine niedrige Stufe reduzieren und etwa 2 Stunden köcheln lassen. Es kann auch ein Schnellkochtopf 45 Minuten auf hoher Stufe verwendet werden und der Druck dann langsam reduziert werden. Vom Herd nehmen und abkühlen lassen.

Die Brühe durch ein Sieb in eine große Schüssel abseihen, mit Frischhaltefolie zudecken und über Nacht in den Kühlschrank stellen. (Durch das Abkühlen der Brühe steigt das Fett an die Oberfläche. Man kann es dann problemlos abschöpfen und die Brühe durch ein Seihtuch abseihen, um restliche Trübstoffe zu entfernen.)

Das Fleisch aus den Zutaten im Sieb herausnehmen und für andere Gerichte verwenden oder einfach so, in dünne Scheiben geschnitten, mit etwas Meersalz genießen.

Die Brühe kann im Kühlschrank bleiben, wenn sie innerhalb der nächsten 3–4 Tage verwendet wird. Ansonsten in kleine Frischhalteboxen gießen, in den Gefrierschrank stellen und in den nächsten Monaten verbrauchen.

ERGIBT ETWA 2 LITER RINDERBRÜHE

SALSA di POMODORO

{ EINFACHE TOMATENSAUCE }

400 G (1 DOSE) GESCHÄLTE ROMA-
TOMATEN

30 G BUTTER

½ MITTELGROSSE GELBE ZWIEBEL,
GESCHÄLT

1 PRISE ZUCKER

*Diese Sauce basiert auf einem klassischen Gericht von Marcela Hazan.
Ich bereite sie einmal in der Woche zu, weil sie zu einfach allem passt,
von einem Dip bis hin zu einem Teller Pasta.*

Alle Zutaten in einen kleinen Topf geben und die Tomaten mit einem Holzlöffel
zerdrücken. Den Deckel auflegen und bei schwacher Hitze 30–40 Minuten
köcheln lassen, bis sich das Öl von den Tomaten abgesetzt hat und die Sauce
angedickt ist. Mit Salz abschmecken.

Die Zwiebel herausnehmen und die Sauce nach Belieben mit einem Pürierstab
pürieren.

Die Sauce hält sich zugedeckt in einem Behälter aus Keramik oder Glas im
Kühlschrank bis zu 3 Tage.

ERGIBT ETWA 375 ML TOMATENSAUCE

SALSA di POMODORO e PISELLI

{TOMATEN-ERBSEN-SAUCE}

2 TL OLIVENÖL

½ ZWIEBEL, FEIN GEHACKT

1 KNOBLAUCHZEHE, FEIN GEHACKT

1 PRISE CHILIFLOCKEN

130 G JUNGE ERBSEN, TIEFGEKÜHLT

30 ML TROCKENER WEISSWEIN

200 G (½ DOSE) STÜCKIGE TOMATEN IN IHREM SAFT

1 EL GEHACKTE GLATTE PETERSILIE

Diese Sauce wird aus Zutaten zubereitet, die bei den meisten Leuten das ganze Jahr über vorrätig sind. Als vegetarische Allround-Sauce passt sie ausgezeichnet zu Pasta, Risotto oder sogar einer cremigen Polenta.

Das Öl in einem Topf bei mittlerer Temperatur erhitzen. Die Zwiebel zugeben, dann die Temperatur auf eine niedrige Stufe reduzieren und unter gelegent-lichem Umrühren 12 Minuten weich und glasig köcheln. Den Knoblauch und die Chiliflocken zugeben und mitköcheln lassen, bis es duftet. Die Erbsen zugeben und einige Minuten weiterköcheln lassen, dann den Wein zugießen und die Temperatur erhöhen, bis der Wein verdunstet ist. Die Temperatur erneut auf eine niedrige Stufe reduzieren, die Tomaten zugeben, umrühren, den Deckel auflegen und etwa 15 Minuten köcheln lassen. Mit Salz und Pfeffer abschmecken, von der Kochstelle nehmen und die gehackte Petersilie unter-rühren.

Die Sauce hält sich zugedeckt in einem Behälter aus Keramik oder Glas im Kühlschrank 4–5 Tage.

ERGIBT ETWA 375 ML SAUCE

il SUGO di LIVIA

{ LIVIAS FLEISCHSAUCE }

60 ML OLIVENÖL

2 MITTELGROSSE ZWIEBELN, FEIN GEHACKT

1 KLEINE BIS MITTELGROSSE KAROTTE, FEIN GEWÜRFELT

1 STANGE STAUDENSELLERIE, FEIN GEWÜRFELT

1 KNOBLAUCHZEHE, FEIN GEHACKT

500 G RINDERHACK

250 ML ROTWEIN

600 G (1 ½ DOSEN) STÜCKIGE TOMATEN

1–2 EL HOCHWERTIGES TOMATENMARK

¼ TL FRISCH GERIEBENE MUSKATNUSS

1 FRISCHES LORBEERBLATT

2 TL SALZ

½ TL SCHWARZER PFEFFER

Meine Mutter Livia hat vier Enkelkinder. Sie alle lieben ihre Fleischsauce. Früher hat sie diese Sauce einmal in der Woche gekocht und immer, wenn jemand aus der Familie zu Besuch da war, bekamen sie etwas mit auf den Weg – selbst wenn sie im Flugzeug nach Hause reisen mussten. Das ist Liebe und Leidenschaft für gutes Essen.

Das Öl in einem großen Topf mit schwerem Boden auf niedriger bis mittlerer Stufe erhitzen. Die Zwiebel zugeben und unter gelegentlichem Umrühren etwa 12 Minuten weich und glasig garen. Dann Karotte, Sellerie und Knoblauch zugeben und 12 Minuten weitergaren. Das Rinderhack zugeben und unter gelegentlichem Umrühren gut bräunen, damit es nicht am Topfboden haftet. Den Wein zugießen und die Temperatur auf eine mittlere Stufe erhöhen.

10 Minuten garen, bis sich die Flüssigkeit um die Hälfte reduziert hat. Die Tomaten und das Tomatenmark einrühren und Muskatnuss, Lorbeerblatt, Salz und Pfeffer zugeben. Den Deckel auflegen und unter gelegentlichem Umrühren 1 Stunde köcheln lassen. Mit Salz und Pfeffer abschmecken.

Die Fleischsauce hält sich zugedeckt in einem Behälter aus Keramik oder Glas im Kühlschrank bis zu 1 Woche.

ERGIBT ETWA 1 LITER FLEISCHSAUCE

REGISTER

DANK

DIESES BUCH IST MEINER MUTTER LIVIA GEWIDMET. SIE IST MEIN STETER QUELL DER INSPIRATION UND DIE PERSON, DIE MIR VERMITTELT HAT, WIE WICHTIG TRADITIONELLE REZEPTE SIND, WIE WICHTIG ES IST, SELBST ZU KOCHEN, UND VOR ALLEM, WIE WICHTIG DAS GEMEINSAME ESSEN IM KREIS DER FAMILIE IST.

ICH DANKE DIR.

Mark, ich danke dir für deine Geduld, Liebe und Unterstützung und auch dafür, dass du so gut gelaunt über mehrere Monate, in denen ich Rezepte getestet habe, täglich Streetfood-Gerichte gegessen hast. Tamara, danke, dass du eine so wunderbare und ermutigende Tochter bist. Ich danke meiner Familie – Barbara, Claire und meinen Tanten und Onkeln in Italien, danke, dass ihr da seid und mich zu verschiedenen Gelegenheiten bekocht und daran geglaubt habt, dass ich dies schaffen kann. Ben, danke, dass du über die Jahre an meiner Seite gekocht hast und mich zu diesem Abenteuer ermutigt hast. Ich danke meinen Freunden in Italien – Alice, Rachel, Toni und ganz besonders Emiko, die so großzügig ihr Wissen mit mir geteilt hat. Paolo und Verdiana, die die Gerichte gekostet haben und mir bei einer Partie *Briscola* (oder auch fünf) Feedback gegeben haben. Meinen Freunden Lisa, Ian, Jo, Nicole und Matt für ihre Ermutigung und Unterstützung, außerdem meinen Arbeitskollegen Deb, Sue, Andra, Pam und Louise, die wegen des Projekts genauso aufgeregt waren wie ich. Ich danke dem Team bei Smith Street Books, die an mich geglaubt und mir geholfen haben, das Projekt rechtzeitig fertigzustellen – Paul McNally, Lucy Heaver, Murray Batten. Ich danke Sarah Schembri, Trish Gallagher und Anthony Julius für die gelungen angerichteten Teller und die schönen Foodstyling-Hintergründe, außerdem Ian Summers für die sonstigen Fotos. Ich danke all meinen Blogreadern und Followern von *Italy on my mind* für ihre ermutigenden Kommentare und dafür, bei meinen Projekten an meiner Seite zu sein. Ich danke meinen wunderbaren Rezepttestern, ohne die ich das alles nicht geschafft hätte – Christine Menegazzo, Bronie Duncan, Suzana Borovan, Gabrielle Schaffner, Cori Williams, Jessica Fransson, Sharon O'Donnell, Carmen Pricone, Cristina Pepe, Nell Hunderford, Eleanor Dempster, Paula Barbarito-Levitt, Liliana Pellizzon, Ronnie Pellizzon, Katie Pepper, David Scott Allen, Mariko Chan, Emma Verri, Annette Guyatt, Merry Canavan, Vanessa Miles, Roshena Campbell, Loretta Swayn, Pia Beltrame, Claire Peck, Laura Ivy, Carolina D'Angelo, Emma Gallagher, Phyllis de Jong-White, Dolores Leropoulos, Janie Treyer, Amanda Alacqua und Karen Williams.

IMPRESSUM

Verantwortlich: Sonya Mayer
Übersetzung aus dem Englischen: Claudia
Theis-Passaro & Annegret Hunke-Wormser
Umschlaggestaltung: Leeloo Molnár, unter
Verwendung eines Fotos von Shutterstock/Olga_Go
Layout und Satz: satz & repro Grieb, München
Korrektorat: Judith Bingel
Herstellung: Anna Katavic

© Text & Rezepte: Paola Bacchia
© Bildnachweis: Alle Fotos in diesem Buch stammen
von Paola Bacchia mit Ausnahme von: Seite 11, 149,
156–157, 165, 193, 212, 247, 258, diese stammen von
Ian Summers.
Design: Murray Batten

Unser komplettes Programm finden Sie unter:

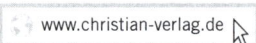
www.christian-verlag.de

Sind Sie mit diesem Titel zufrieden? Dann würden
wir uns über Ihre Weiterempfehlung freuen. Erzählen
Sie es im Freundeskreis, berichten Sie Ihrem Buch-
händler oder bewerten Sie bei Onlinekauf. Und
wenn Sie Kritik, Korrekturen, Aktualisierungen haben,
freuen wir uns über Ihre Nachricht an: Christian
Verlag, Postfach 40 02 09, D-80702 München
oder per E-Mail an lektorat@verlagshaus.de

Die Deutsche Nationalbibliothek verzeichnet diese
Publikation in der Deutschen Nationalbibliografie;
detaillierte bibliografische Daten sind im Internet über
http://dnb.d-nb.de abrufbar.

Copyright © 2020 für die deutschsprachige Ausgabe:
Christian Verlag GmbH, Infanteriestraße 11 a,
80797 München

Die englische Originalausgabe mit dem Titel *Italian
Street Food: Recipes from Italy's Bars and Hidden Laneways*
erschien erstmals 2016 bei Smith Street Books,
Melbourne, Australien (www.smithstreetbooks.com).

Copyright Text © Paola Bacchia
Copyright Fotografie © Paola Bacchia
Copyright Fotografie Seite 11, 149, 156–157, 165, 193,
212, 247, 258 © Ian Summers

Alle deutschsprachigen Rechte vorbehalten.

Printed in Slovakia by Neografia
ISBN 978-3-95961-497-9